淘宝

文案写作技巧与营销实例

仲小建◎著

人民邮电出版社

北京

图书在版编目（CIP）数据

淘宝文案写作技巧与营销实例 / 仲小建著. -- 北京：
人民邮电出版社，2018.8
ISBN 978-7-115-48689-9

Ⅰ．①淘… Ⅱ．①仲… Ⅲ．①电子商务—网络营销
Ⅳ．①F713.365.2

中国版本图书馆CIP数据核字(2018)第133639号

内 容 提 要

淘宝作为中国最大的电商平台之一，拥有过千万的商家。越来越多的创业者选择了淘宝平台，但转化率不尽如人意。其实，这并不是运营者不愿意在流量上做投入，也不是运营者不努力，而是不少运营者无法写出一手漂亮的文案。

本书从 0 到 1 讲述淘宝文案的创作方法及运营思路，包括各种实用类型、经典类型文案的写作技巧及其推广技巧，帮助淘宝运营者突破业绩瓶颈。

本书内容全面，布局清晰，理论与案例结合，不仅有流程化讲解，还有图表式解说，既可以作为淘宝运营者的工作手册使用，也可以作为店主提升销量的案头读本。

◆ 著　　　　　仲小建
　　责任编辑　　恭竟平
　　责任印制　　马振武

◆ 人民邮电出版社出版发行　　北京市丰台区成寿寺路 11 号
　　邮编　100164　　电子邮件　315@ptpress.com.cn
　　网址　http://www.ptpress.com.cn
　　廊坊市印艺阁数字科技有限公司印刷

◆ 开本：700×1000　1/16
　　印张：14.5　　　　　　　　　2018 年 8 月第 1 版
　　字数：237 千字　　　　　　　2025 年 9 月河北第 11 次印刷

定价：49.80 元

读者服务热线：(010)81055296　印装质量热线：(010)81055316
反盗版热线：(010)81055315

前言

　　淘宝文案并不是一个新鲜的概念，现代社会的年轻人几乎每天都会接触到它，甚至很多人已经以此为职业谋生，足见市场对它的需求十分广阔。但在此美妙前景的另一面我们也看到，淘宝900多万家淘宝店铺竞争激烈，并不是每一家店铺的文案都能让消费者喜欢，甚至还有相当多的店铺在淘宝文案这项工作上走了弯路。费心费力，但得不到消费者认可、不能提升商品购买率的文案都是无用的。

　　我们同样可以观察到，很多文案工作人员之所以暂时还没有掌握撰写淘宝文案的精髓，是因为他们在网络上汲取的碎片化技巧过多而没有形成一套完整的知识体系，导致最后在文案中总是有一点儿不尽如人意，自己明明能感受得到哪里有不足，可是偏偏就是无法补足。

　　如今书店中有关淘宝文案撰写方法的图书可谓多如牛毛，但毫无疑问大多都陷入了碎片化、重复观点堆砌的泥淖，并不能为读者构建出一套攻无不克的方法论。作者针对这个痛点，凭借多年淘宝一线实战经验完成编写，利用生动诙谐的文字、清晰易懂的图表、前沿精彩的案例，为读者构建一套简单、实用的淘宝文案写作技巧。

　　这套技巧包含：文案素材挖掘技巧、有吸引力标题速成法则、如何优雅地表达产品卖点；文案应该怎样开篇收尾、又应该怎样进行色彩搭配排版设计；促销型、宣传型、公关型、互动型、观点型文案之间有何异同点；应该怎样将写好的文案发布、推广出去，利用每一种文案提升店铺商品交易率。点点滴滴都是用心血换回来的实际操作经验，对读者大有裨益。

　　同时本书拒绝条文式的写作手法，平实中暗含逗趣，让读者在阅读过程中意识到读书不再是一件困难的事情，而是一段美妙的旅程。作者水平和时间所限，本书难免存在一些疏漏和不当之处，敬请指正。

本书特色

1. 内容全面、翔实。

本书以介绍淘宝文案写作方法为核心，涵盖素材挖掘、标题撰写、色彩搭配、文案排版、各类型文案具体写作手法等与淘宝文案创作的方方面面，内容全面、翔实，层层递进，为读者抽丝剥茧，理清有关淘宝文案的各个环节。

2. 前沿案例，把握最新动态。

互联网推陈出新的速度远胜于其他行业，学习高深的理论不如研究几个前沿案例更能把握住当下的脉搏。本书选取的案例均为近年引起不小轰动效果的淘宝文案或营销事件，可以帮助读者把握业内最新趋势，顺应潮流。

3. 大量图片，直观易理解。

写淘宝文案本就是一份总需要与文字、图片、表格打交道的工作，既然本书讲解怎样将淘宝文案做到极致，又怎能不在图表上下功夫呢？在本书中，每一章都有讲解专业术语、行业名词、抽象概念、统计方法的大量图片，简单易懂。

4. 这是一本实战手册。

市面上的图书，尤其在近年来"成功学图书"热潮的影响下，很多图书往往只重理论、疏于实战，甚至掉入全书内容均是"白开水"而无一点儿实战性的泥淖中。本书则不同，无论叙述理论还是应用案例均是从实战角度出发，讲明前因后果，各种改进方式分析见解独到，具有很强的实战性。

本书内容及体系结构

第1～7章：实用淘宝文案写作技巧

从全书布局来看，第1～7章为本书的第一部分，讲述的是具体而微的淘宝文案写作技巧，内容涵盖文案素材挖掘、标题写作技巧、文案开篇写作技巧、产品卖点提炼、文案色彩搭配、排版布局、详情页设计等创作淘宝文案时会遇到的问题，事无巨细，只要能增强淘宝文案的趣味性、传播效果，均会一一列举，为读者以后的文案创作打下坚实的基础。

第 8 ～ 11 章：各经典类型文案写作技巧

经过第一部分的细致讲解后，在第 8 ～ 11 章，即第二部分，则讲述每一种具体类型的淘宝文案的写作方式，主要内容包括各类促销型文案、宣传型文案、互动型文案，以及观点型文案的特征、优势、异同，实战性强，写出的文案可以直接发布圈粉，以战代练，效率更高，优化更快捷。

第 12 ～ 13 章：淘宝文案推广技巧

写文案的工作并不轻松。当我们写出精彩的文案后，绝不能寄希望于"酒香不怕巷子深"，而是要积极传播，要明白以怎样的方式、通过怎样的渠道将所撰写的文案推广出去，以达到理想的效果。QQ 群、朋友圈、问答社区、微博，这些你常用的产品都可以成为你的流量金矿。

Contents ╱ 目录

第 10 章　淘宝互动型文案写作技巧

第 11 章　淘宝观点型文案写作技巧

CHAPTER **01** 第1章
淘宝文案素材
挖掘技巧
|||||||||||||||||||||||||||||||||||||||

　　相信很多人都有这样的网购经历：本来并没有购买目标，但是在逛淘宝时，被一篇精彩文案吸引继而产生购买冲动。那么，那些极富创意的文案又是如何从营销人员的笔端产生的呢？为什么他们利用的素材总是可以抓住消费者的兴奋点？这其实是有技巧的。

1.1　借鉴同行的经典文案

榜样的力量是无穷的，人类的进步缺少不了借鉴和学习，想要写出令人叹服的淘宝文案，第一件事便是积极借鉴同行的经典文案。

如果你想写淘宝女装文案，那么韩都衣舍和腔调必然要成为你重点研究的对象；如果你要写淘宝男装文案，森马和海澜之家肯定躲不过你的法眼；如果你想写小家电文案，就需要看看海尔和九阳的微博……几乎所有行业都有"先贤"，而你要做的便是"站在巨人的肩膀上"。

图 1-1 所示是淘宝女装韩都衣舍 HiStyle 系列新款 T 恤的淘宝文案，短短几十个字便将产品特性、设计理念、同类竞品优势、个性化表达展现得淋漓尽致，并且始终贴合韩都衣舍的卖点——给一个解决方案：没空去韩国？就来韩都衣舍。

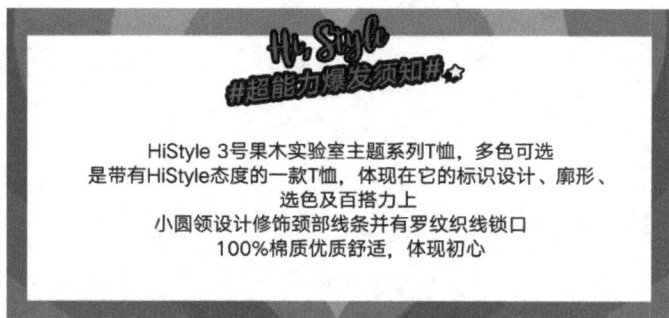

HiStyle
#超能力爆发须知书★

HiStyle 3号果木实验室主题系列T恤，多色可选
是带有HiStyle态度的一款T恤，体现在它的标识设计、廓形、
选色及百搭力上
小圆领设计修饰颈部线条并有罗纹织线锁口
100%棉质优质舒适，体现初心

图1-1　韩都衣舍的淘宝文案

主打休闲时尚男装的森马，其销量一直雄踞淘宝男装前列，为了吸引更多的年轻男性消费者，森马的淘宝文案也显得时尚感与志趣兼得，还未看到产品的图片，仅仅"睿智生活家""型男修炼手册""时尚搭配LOOK"便已经能激起很多人的购买欲望。更何况，如图 1-2 所示，它还能实现"告别闷热一步到位"，穿上后能彰显自己"玩·趣生活"的多彩青春。

相比大家身上的时尚穿戴，在很多人的固有印象中，家电产品似乎更难写出激动人心的文案来引起消费者强烈的购买欲。实际上，对于受过长期训练的文案人员而言，并不很难。比如，经历互联网冲击一度陷入亏损境地的海尔，在积极投入互联网后，就常常能写出令人惊叹的家电产品的文案，独到又不失逗趣，以至于海尔的微博成为很多人茶余饭后的"根据地"。

　　海尔产品的淘宝文案的一个突出特点便是不再将家电当作冷冰冰的产品对待，而是在突出产品品质的同时，将产品特性与消费者向往美好生活的主观愿望相连。图 1-3 所示为海尔新款立式挂烫机的淘宝文案，它将消费者的购买行为引喻为与产品的"邂逅"，它将成为你生活中重要的元素，先进的技术、前卫的设计理念，一切都是为了"用智慧支撑你的优雅"，一下子拉近了与消费者的情感联系，只要价格公道，谁会不选与自己情感上更亲近的品牌呢？

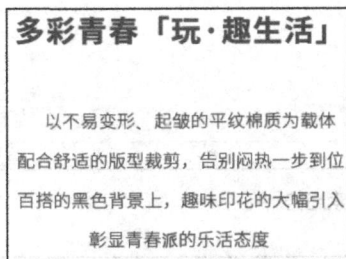

图1-2　森马男装的淘宝文案

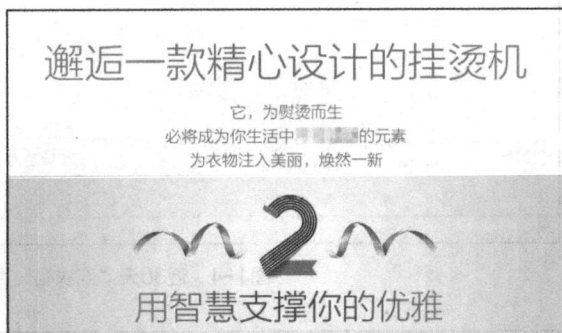

图1-3　海尔立式挂烫机的淘宝文案

　　以上这些只是随意选取的几个小例子，经过十余年的发展，如今的淘宝文案已经发展成为一门专业，即使开课讲半年都有足够的案例。能占据业界顶端的品牌自然有其过人之处，大家可以经常将优秀的淘宝文案拿来参考、研究，对于开拓思路是很有好处的。

1.2　搜索行业数据，用数据说话

　　相比枯燥的文字，人们更喜欢简单、直观的数据。

　　大数据时代，人们获得海量数据已经不再是一件难事，难的是如何在这些大数据中提炼出对文案创作具有指导性意义的数据。这也正是"用数据说话"的两个方面，一方面，我们可以通过数据分析等手段，提炼出精确的目标受众，详细了解他们的需求、品位、消费能力，针对这些受众写出有的放矢、通俗易懂的文案；另一方面，我们既然已经足够了解受众，那么在撰写文案时完全可以用上能触动他们敏感神经的数字，尤其是价格，用事实说话的同时，以最快的方式引起他们注意。

以连衣裙为例，最简单的方法如图1-4和图1-5所示，通过百度指数与阿里巴巴指数平台了解近7天和近30天消费者对于连衣裙的搜索需求。总之，要通过各种方式获取最精准的人群画像并找到目标消费者当下最关心的痛点，然后再将目标瞄准大多数人群，写出有针对性的文案。

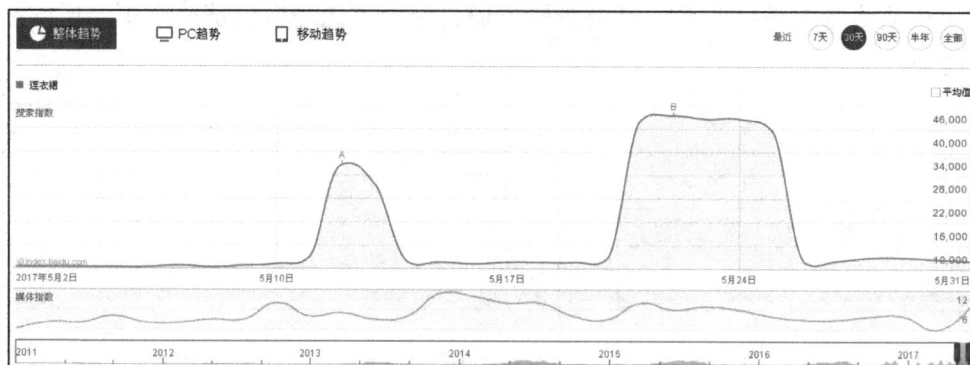

图1-4　近30天"连衣裙"百度搜索趋势

排名	搜索词	搜索指数		搜索涨幅
1	连衣裙	178,065		3.20% ↓
2	连衣裙女夏	97,744		3.03% ↓
3	连衣裙女夏2017新款	96,777		0.63% ↑
4	雪纺连衣裙	89,294		3.28% ↓
5	2017款连衣裙	84,565		3.67% ↓
6	裙子女2017新款	78,271		24.56% ↑
7	女装2017新款夏	75,721		1.85% ↑
8	裙子女夏	69,746		10.70% ↓
9	碎花连衣裙	69,447		3.96% ↓
10	背带裙	68,206		4.22% ↓

图1-5　近7天"连衣裙"阿里巴巴搜索指数

当然，想要全面了解市场行情，还有赖于全面的调查数据。比如通过更详尽的数据查找，我们可以得到以下结论。

每年5月、6月是连衣裙的销售旺季，在淘宝上任意选取两家单款连衣裙销量过千的店铺，往往会了解以下情况：以女性为主，年龄为18～35岁，多为学生或白领、公务员、教师等女性；平均客单价约为300元，两家店铺的首推产品多为这一年龄段服装，并且价格一般为 100 ～ 200 元，符合整个市场需求，容易提高销量。

通过以上这些情况，可以得出一个比较完整的文案思路。主打年轻、爱美的女性群体，处于这个年龄阶段的女性，对自己的衣着品位、生活态度有着鲜明的个性期望，撰写文案时可以从这一点出发，在描述淘宝店连衣裙漂亮、舒适、健康之余，更要体现穿着后的靓丽及与众不同。

仅在描述连衣裙质量方面就可以在文案中应用许多数据，如 100% 纯棉、18 ～ 25 岁学生装、30 ～ 40 岁中年妈妈装等。

此外，很多人价格都很敏感，尤其在服装鞋帽等强需求的电商领域，由于购买频次很高，往往一般女性不会在一次消费中投入过多的资金，同等质量的商品，价格优势对消费者的触动作用不可忽视。

通过行业数据，我们可以得知消费者在购买连衣裙时的平均客单价约为 300 元，而一次下单往往是连衣裙与搭配的提包或鞋一起购买，这就决定单件连衣裙的价格不能超过 200 元，再参考业内平均售价与商家所能给出的最低价格，单件售价低于 150 元就是一个很大的卖点，写淘宝文案时要抓住这样的卖点。

当然，用数据说话远不止以上两点，最常见的应用反倒是利用数据营造群体压力与从众效应，这样的例子有很多，典型的如 "专注领域 20 年" "类目 TOP5" "3000 人的共同选择" "2 万人无差评" 等。

虽然前面这些话不如 "经过大数据分析我们得知" 那样 "高大上"，但其实这些话才包含了可以抓出人性弱点的大智慧。

有关数据方面的研究有很多，甚至已经发展出 "行为经济学" 这一门显学。利用这种学说研究发现，生活中大多数人只有在具体的情境中才知道自己真正想要什么，即 "可预期的非理性"，可以通过价格诱饵对其实现消费引导。例如，同样是征订一本杂志，有 "电子版 59 元" "印刷版 125 元" "电子版和印刷版共 125 元" 3 种方案供你选择，你会选哪一种呢?

总而言之，互联网经济之所以越来越重视对数据的采集与分析，正是因为它可以帮助使用者分析出消费者的爱好偏向，只要能巧妙利用，便可以发挥出四两拨千斤的 "奇效"。

1.3 深入了解产品功能，提取亮点

如果我们仔细观察便可以发现，所有的优秀文案都是基于对产品本身的洞察，毕竟文案写得再好也是在为销售产品做准备，产品的亮点才是文案的根本。一般而言，提取产品亮点有以下 8 点技巧。

1. 卖功能。这是最直接的卖点，一件产品在市场上之所以有价值，有人为它投入资金进行研发，是因为它有一定的功能。如卖服装，肯定要使人显瘦显腰、显得颜美腿长；卖面膜肯定要美白、补水、抗衰老，还要天然、安全，适用于不同人的肌肤，使用后永葆青春，等等。

2. 卖技术。即从产品的技术先进性层面寻找亮点。亮点既可以是应用某项极佳的技术制作产品，如乐百氏纯净水的 27 层净化；也可以是产品具有某项其他产品不具备的先进技术，如小米空气净化器可以智能家用去除甲醛、PM2.5。

3. 卖品质。在文案中突出产品的高品质，如"农夫山泉有点甜"这种独特的品质自然会吸引消费者注意。

4. 卖原料。从原料着眼，只有好的原材料才能做出好的产品。比如，郎酒强调好山好水才有好酒，佳洁士采用高档硅为原料，韩束一直强调天然美白，均是以原材料为卖点。

5. 卖包装。史蒂夫·乔布斯（Steve Jobs）在推出苹果系列产品时，曾将拆产品外包装的过程归属到用户体验流程中，可见独特包装也是一个很大的卖点。比如，广药集团的夏桑菊就曾以站得住脚的包装为亮点，同时解决了用户摆放产品的问题，自然受到欢迎；三只松鼠的搭配式包装，既有趣又解决了消费者的口味搭配问题，也是一个亮点。

6. 卖服务。这一点在耐用消费品领域更为突出，如海尔的"真诚到永远"

三全服务——全员、全时、全面给你服务，以及 30 天无理由退货、终身保修等，这些服务在耐用消费品领域往往很受用。

7. 卖情感。按照马斯洛需求理论，人在解决完基本需求后，便要着手满足情感上的需求。其实这种做法的应用场景很广，适当的情感诉求往往可以加深人们对产品的好感，如雕牌洗衣粉曾推出"妈妈，我能帮您干活了"的情感卖点文案。

8. 卖认知。认知反应理论是由德国心理学家格林瓦尔德提出的，认知反应就是发生于传播活动过程中或传播活动过程后的积极思考过程或活动。广告接触导致认知和反应，认知影响态度改变。受众在与广告的接触过程中，会主动卷入信息加工过程，他们根据已有的知识和态度对信息进行分析、评价，产生认知和反应，最终导致态度改变。

简单地说，产品最好的营销效果是占领用户认知，即用户一想到某个类型的产品，第一个想到的就是某个品牌。这里的"认知"，实际上就是产品的差异化卖点，如金龙鱼的 1:1:1 调和油、农夫山泉的天然水、小米的性价比等，都是卖认知的典型。

尤其要注意的是，很多人撰写文案时往往会陷入"我的产品哪里都好"的误区，绝大多数失败的淘宝文案不是没有找到产品亮点，而是没有找到产品最重要的亮点，变成了基本功能的简单罗列，这是极难吸引到消费者的。另外，提炼产品亮点时一定要避免两个误区：亮点太多，等于没有亮点；绝不选用不突出的亮点或与自己产品关系不大的亮点。

1.4 从主流平台挖掘有用信息

随着自媒体的普及与快速发展，淘宝文案的工作范围早已不局限于产品详情页，甚至制作产品详情页已经是淘宝文案工作中占比很小的一部分，随着获客成本越来越高，在微博、微信、微淘等自媒体中利用趣味横生的文案吸引流量早已是淘宝文案工作的重心。

然而，在受众更广、更新频率更高的自媒体平台，每日重复写产品功能文案不仅会令人厌烦、难以产生订阅和转化，时间久了，工作人员都难以再挖掘出可以写成文案的卖点。正因为如此，从主流平台发掘有用信息，尤其是将产品与热点相贴合，搭上顺风车宣传自己，已成为大家的共识。如图1-6所示，能挖掘热点事件话题已经成为淘宝文案招聘的硬性要求。

职位描述

岗位职责：

1.公司微博、微信、微淘等互动平台的运营策划。

2.对于一些热门事件的分析，结合话题，挖掘热点并结合商品写出文案及活动策划。

3.收集粉丝的问题反馈和批评建议，了解粉丝需求。

4.公司各个社交软件的日常内容维护、发布、管理、互动，提高影响力和关注度。

图1-6 某公司的淘宝文案人员招聘要求

挖掘热点的形式有很多，典型的如节日、举国欢庆的喜事等。如每年圣诞节，都是各方营销的好机会，无论是民间娱乐，还是主流媒体，都会有很多营销活动，怎么能写不出关于主流热点的文案呢？

平安夜来临，奔跑的驯鹿和圣诞老人除了为大家送礼物，他们还喜欢喝雀巢咖啡。——雀巢咖啡

用勺子蘸沙拉酱留下的印记形成圣诞老人的头像，看起来浓郁可口又十分可爱。——沙拉酱

圣诞大餐就要冷热酸甜想吃就吃。——冷酸灵

当然，每年节日日期固定，运营人员可早做安排、撰写文案，快速、有效地借势突发事件则更能体现出文案人员的功底，使文案具有更强烈的传播性。

例如，2017年3月23日中国国家足球队在我国湖南长沙1:0战胜韩国队，各品牌极富创意的文案就可以作为典型。

胜利不只靠信念，更靠实力，T出色。——TCL无机三原色量子点电视

国"仁"骄傲——洽洽食品（如图1-7所示）

还有一点要注意，从主流平台挖掘信息写成文案，在很多情况下其实是一个体力活，毕竟可以借势的事件很多，有时来得很突然，文案人员时刻绷紧神经，甚至半夜爬起来构思文案创意，这种情况并不是子虚乌有。

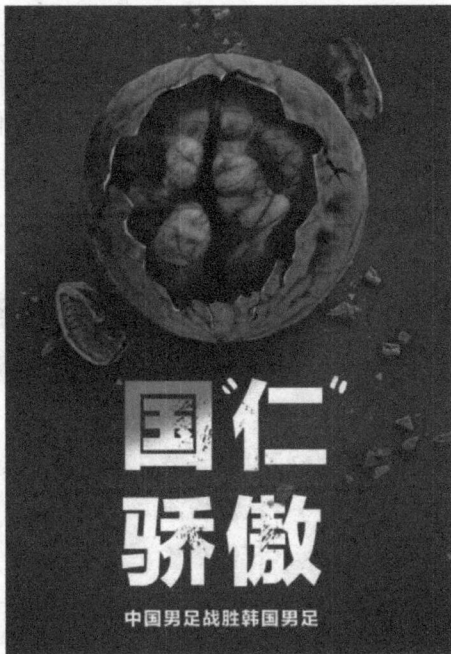

图1-7 洽洽食品的文案

小提示

　　当淘宝品牌通过微博等自媒体推广时，从主流平台挖掘信息几乎是一种必然选择，这就像人与人处交往一样，总要聊一些大家都知道的公共性话题，如果你只想宣扬自己，最后往往会没朋友。

1.5　从买家的只言片语中提炼

　　除了从主流平台挖掘信息用于文案写作，你还有更大的宝库——买家。

　　买家是消费者，消费者反馈给你的信息，即使只言片语，也是宝贵的，因为他们提到的往往是很多买家都会关注的问题，如果及时在文案的相关位置写清楚，对于其他买家打消疑虑完成购买是有百利而无一害的。另外，可以将买家的好评与买家秀直接放到产品的淘宝文案中，如图1-8所示。

　　之所以要这么做，理由是显而易见的，大家可以回顾自己逛淘宝时的情景，相似的两款产品，其中一款产品的文案中有良好的买家反馈（即使有几个差评），另一款产品的文案没有关于买家的任何信息，完全是卖家在自吹自播，你最终会选择购买哪一款，应该是不难判断的。

这种判断是得到数据支持的。根据权威机构艾瑞咨询的调查数据显示，77%的购买者在选择产品时，更愿意看其他购买者的评价。尤其是带图评价，在女性购买者中，这个比例更是达到95%以上；同一单品，相似价格，有优质晒图的评价和没有优质晒图的评价，转化率相差近15%。

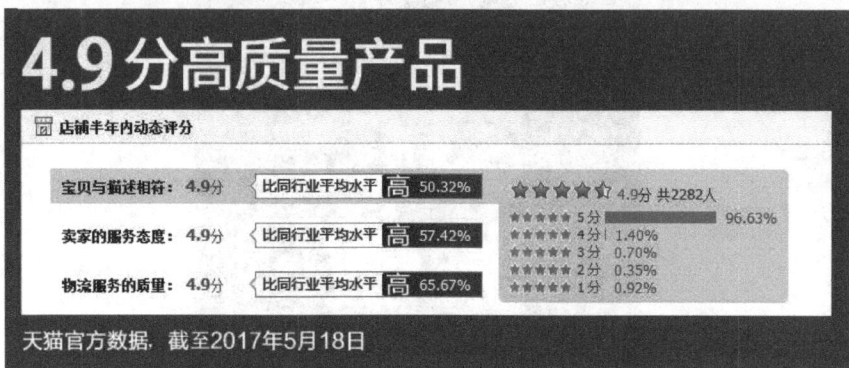

4.9分高质量产品

店铺半年内动态评分

宝贝与描述相符：4.9分	比同行业平均水平 高 50.32%	
卖家的服务态度：4.9分	比同行业平均水平 高 57.42%	
物流服务的质量：4.9分	比同行业平均水平 高 65.67%	

4.9分 共2282人
5分 96.63%
4分 1.40%
3分 0.70%
2分 0.35%
1分 0.92%

天猫官方数据，截至2017年5月18日

图1-8　某天猫店的文案中展示的店铺半年内动态评分

当然，为使店铺中产品的文章各有特色，不拘泥于形式，我们可以优先选取店铺新款、利润较高款与直通车推广款的"买家秀"写入文案。使用后，店铺新款可以让更多的新消费者及时了解产品，利润较高款可以支撑买家秀返现活动，直通车推广款也可以相应提高转化率。

具体操作层面，主要应用于以下两点。

1. 详情页

卖家可以对买家的照片、好评、建议进行整理筛选，合成图片放进详情页。如此一来，既节省新消费者去翻看评价的时间，又能完善详情页，多方位地展示产品。例如，购买了包包的买家在收到产品后，极有可能会搭配衣服展示心爱的包包，并上传买家秀。如果搭配得当，在得到买家应允之后，卖家可以将它们都放入详情页中。

2. 评价中展示照片

直接在评价中显示照片。新消费者进店查看产品详情时，马上就会将这些照片作为参照。更难得的是，买家秀出的照片，往往更具有说服力，照片没有经过处理，颜色也更接近生活中的实际颜色，让对产品有意向的买家更容易产生亲切感与信任感。买家在拍摄产品时，一般会搭配参照物取景，无意而为之，正好能够弥补一些卖家没有做产品大小参照图的失误。

1.6 利用九宫格思考法，指引创意产生

九宫格思考法又称为曼陀罗思考法，经过几十年的发展，如今已成为创意界公认的优秀方法，目的在于利用此方法解决学业与工作中的各种疑惑，使灵感不断涌出，以达到将"知识"转变为实践"智慧"的效果。

既然九宫格思考法被誉为"兼具左脑与右脑思维的思考工具"，那么在实际操作层面则必然也有分别适合左脑与右脑思维的方法——向四面扩散的辐射线式九宫格与逐步思考的顺时针式九宫格。

所谓向四面扩散的辐射线式九宫格是指在中央方格上填写核心主题（如图1-9所示）后，我们再利用发散性思维，依次向外联想出相关概念，使其余8个格子的概念都与中央方格有关联，但这8个格子中的内容互相未必有明显的相关性。

另一种代表逐步思考的顺时针式九宫格则如图1-10所示，同样以中央方格中的内容为中心，但并不是以中心向四周扩散，而是以中心为起点，依顺时针方向在方格中填写内容。

以填写行程为例，如果拟定周行程，每一个方格则代表一天；如果拟定日行程，则每一个方格代表两小时。决定中心方格内容时，必然要先找出形成的核心目的，然后再以此目的为中心，以顺时针方向、按照每一项任务的轻重缓急逐一填写依次完成行程表拟定。填写时要注意文辞的表达，尽量简明扼要，避免啰唆，最后一格则可以作为附注说明或提醒。

概念	概念	概念
概念	核心主题	概念
概念	概念	概念

图1-9 辐射线式九宫格

G	H	A
F	?	B
E	D	C

图1-10 顺时针式九宫格

当然，现实远比理论复杂得多，往往需要综合利用辐射线式九宫格与顺时针式九宫格两种方法，形成发散型九宫格思考法，常见的最终展现形式一般如图1-11所示。中心方格为核心主题，然后利用辐射线式方法向外扩散出8个相

关概念，这 8 个相关概念再各自为中心，利用顺时针式方法将 8 个概念均补充完善，以获得更多的产品创意。

G7	G8	G1	H7	H8	H1	A7	A8	A1
G6	**G**	G2	H6	**H**	H2	A6	**A**	A2
G5	G4	G3	H5	H4	H3	A5	A4	A3
F7	F8	F1	**G**	**H**	**A**	B7	B8	B1
F6	**F**	F2	**F**	**?**	**B**	B6	**B**	B2
F5	F4	F3	**E**	**D**	**C**	B5	B4	B3
E7	E8	E1	D7	D8	D1	C7	C8	C1
E6	**E**	E2	D6	**D**	D2	C6	**C**	C2
E5	E4	E3	D5	D4	D3	C5	C4	C3

图1-11　发散型九宫格思考法示意图

很明显，发散型九宫格思考法适合那些具有众多优点的产品，这样在整理思路时便可以将每一项优点均作为中心出发点，一个优势一段文案，条理清晰，也不会产生遗漏。

> **小提示**
>
> 九宫格思考法与现在网络上流行的思维导图及之前流行的树状图法有很大的相似性，都是将产品特点、卖点分层级展开，逐个筛选，条理明晰。

1.7　从宝贝要点中加以延伸

与九宫格思考法的发散性思维相对，在淘宝文案撰写过程中，经常会用到的另一种思考方法是型录要点延伸法。

型录是商品编目、目录的意思，所谓的型录要点延伸法，即利用与思维导图相类似的方式，将一个商品型录中的特点全部照抄，然后在每个要点后加以延伸。简单地说就是将产品慢慢地展开介绍，最终的目的是将产品卖点的原始描述衍生为对目标客户起作用的文案。

这种方法虽然笨了点儿，懒一些的人甚至会只抄型录中的商品卖点，不肯发挥创造力，偶尔写出的文字也会生涩、缺乏人情味、说服力稍差，但"一俊遮百丑"，它至少可以帮助你快速充实商品详情页的基本信息。

如一款女性护理液，我们可以按照型录说明将护理液的全部产品要点罗列出来，这样我们对产品会有很清晰的认识。有清晰认识后，我们便可以通过这些罗列出的要点分析自己的产品与同类竞争品相比的优势与不足。我们很快就会发现，如果只是主打清洁、卫生这两点，是不容易引起消费者注意的，毕竟同类竞品在清洁、卫生的概念营销上已经做足了功夫。

所以，我们便要延伸要点，如一款主打纯草本植物配方的护理液，试用者经过供应商提供的免费试用后发现还能祛痘，有比普通衣物清洁剂更好的杀菌效果，甚至还能抑制足癣，它对真菌感染引起的病症都可以达到很好的治疗效果。既然如此，我们在文案中又何必将所有的产品卖点都只停留在女性护理液的角度呢？完全可以衍生出治疗真菌的概念，变成"真菌类疾病小能手"，杀菌、祛痘、治足癣样样行得通，文案便可以根据每一种功能进行细分。

与型录要点延伸法基本一致的方法还有经典的三段式写法，尤其在淘宝店铺的详情页文案中，这种方法经常被使用。

淘宝文案三段式写法类似新闻学中经典的"倒三角写作法"，第一段要浓缩要点，目的是使绝大多数人看完第一段后就可以知道文案到底在讲什么；第二段（正文）展示主要内容，至于展示什么则主要看个人的文字功底，至少要像型录要点延伸法那样将产品卖点全部罗列出来；第三段又称为"钩子"，主要任务是强化产品卖点，加深产品优势在消费者头脑中的印象。

1.8 逆向思维思考产品卖点

逆向思维也称为求异思维，是指对司空见惯的、似乎已成定论的事物或观点逆向思考的一种思维方式，热衷"反其道而思之"，从问题的另外一面进行探索。

之所以逆向思维受到很高的推崇，主要是因为在长期进化过程中人们习惯于沿着事物发展的正向去想问题、寻找办法。但实际上，正是由于绝大多数人习惯使用正向思维，所以问题往往也是由正向思维导致的，"开锁的钥匙"必然是逆向思维了，从结论往回推，更容易使问题简单化。

逆向思维技巧在文案创作中最大的特点在于这种方式是以消费者的切身利益和立场进行创作的，以消费者的心态去看产品的功能和服务，促使消费者形成积极心理，最终使消费者接受产品。

总体而言，利用逆向思维思考产品卖点一般主要集中在产品价格、产品质量与产品特质 3 个方面。

1. 针对产品价格

市场经济中，价格是最敏感的杠杆。一般来说，在同类产品中，消费者对低价格产品的接受能力更强。但如今这一点却越来越得不到消费者的认同，人们不再一味贪便宜，而是更在意性价比，甚至有人情愿追求高端消费给自己带来的身份认同和心理满足。

例如，当全世界的电子产品都在走向低廉价格、强调性价比，甚至免费的同时，也有很多产品反其道而行之，用不菲的价格和高质量博得了不少眼球、开拓了市场，图 1-12 所示是近年来非常受追捧的猫王收音机，四五百元的价格相对普通收音机来说较高，但正是这种"逆向思维"使它成功打入了高端市场，销量相当不错，收益自然也远远高于普通收音机。

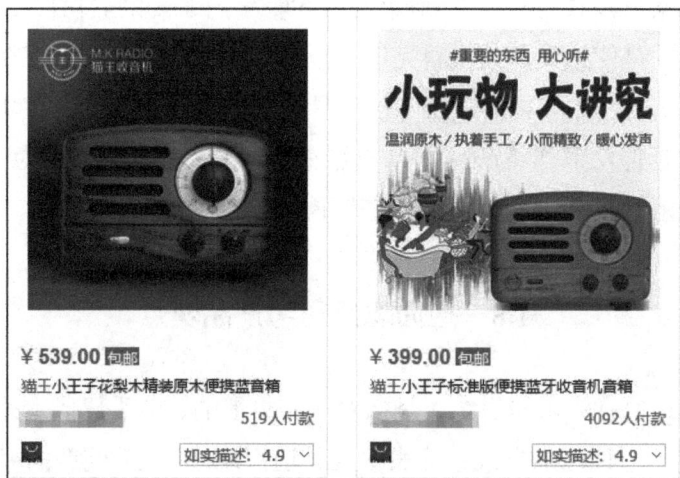

图1-12 淘宝上售卖的猫王收音机

2. 针对产品质量

绝大多数广告都会竭尽全力说自己的产品如何精致、耐用，但产品质量并不是靠宣传，而是要通过市场来检验，过度鼓吹反而容易令消费者反感。如果我们"反其道而行之"，将产品的"不足之处"巧妙相告，某种程度上会更容易赢得消费者的好感。

3. 针对产品特质

产品特质即指产品本身特有的内在销售点，逆向分析则是指在广告创作中发掘产品与众不同的特征和性质。如今市场上商品同质化严重，如果不利用逆向思维找到产品不同于主流的概念、卖点，被淹没的命运几乎是注定的。如果找到了这一卖点，即使在产品制作上只是与其他产品有小小的差别，也丝毫不能阻挡该产品引爆一场流行。

"攻其不备，出其不意""攻而必取者，攻其所不守也"，这两句孙子兵法的精髓正是利用逆向思维取得成功，其实所谓创新，又何尝不是和别人想得不一样呢？

> **小提示**
>
> 　　知易行难，以上这些内容对大家而言只是一个引子，有的文案内容虽然只有几行字，但像诗歌一样，体现的是人们对生活的理解。

CHAPTER

02

第2章
淘宝文案标题写作技巧

||||||||||||||||||||||||||||||||||||

已经有相当多的数据显示，信息泛滥时代，人们在浏览信息时，目光停留在一段标题上的时间不会超过两秒。想要在短短两秒内"一见钟情"，让用户有继续浏览文案的兴趣，不用些策略和技巧怎么能行呢？

2.1 疑问型：这，真的是松饼吗？

疑问型文案标题，顾名思义便是要利用消费者确实存在某一方面疑问的心理与试图解决这一问题的好奇心，通过疑问句式抛出问题，并在文中加以解答。消费者看到这个问题时，往往会因为这个问题的确是自己生活中的痛点，也会反问自己，为什么会这样呢？于是他们会带着好奇心阅读文案，如果其他条件合适，完成购买行为的概率将大大提升。

疑问型文案标题中有很多经典之作，如引发无数人共鸣的"当我们谈论爱情时，我们在谈论什么"不就是典型的疑问型文案标题吗？实战例子有很多，以下列举几个。

这双鞋有342个洞，它如何防水？

这，真的是松饼吗？

难道，您还没换用沐浴乳来洗澡吗？

绝对不能吃的便利商店熟食是什么？

不过在笔者看来，以上这些例子也只是应用了这种方法的皮毛，并不深刻。将这种方式发挥到极致的，还要数从营销界闯入手机行业的罗永浩。在 2017 年新机型坚果 Pro 的淘宝文案中，除了继续发挥"漂亮得不像实力派"等充满罗永浩个人风格的文案标题，也运用了很多疑问型文案标题，如图 2-1 所示，如何快速捕捉每天 60000 个念头中真正有价值的那 37 个？既是新机型主打的增强记忆功能，同时也是大量手机用户多年来的痛点，这种文案无疑会取得相当不错的传播效果。

人脑每天产生 60000 个念头，
你要吃什么样的特效药
才能快速捕捉并记录
真正有价值的那 37 个？

图2-1 坚果Pro文案

之所以疑问型文案标题常常能产生令受众欲罢不能的效果，主要是基于人们这样的心理：当被询问时，就会不由自主地思索答案。"为何……难道……"都是经典句式，可以帮助你快速生成有吸引力的文案标题。

2.2 反问型：跑步能出人头地？

按照修辞学的定义，反问是一种用疑问形式加重语气表达确定意思的修辞手法，只问不答，全靠阅读者自行体会，往往有激发共鸣、加深印象的效果。

例如，同样是回击他人的质疑，陈述句"我知道正确答案"，与反问句"我难道不知道这是正确答案吗？"所能表达出的情感和对他人的感染力高下立判，后者用在强调感情渲染的文案中，是非常合适的。

当然，如果反问与排比同时出现，这种效果则会更加强烈。如世界知名运动品牌耐克就曾推出过利用反问与排比相结合，同时嵌入场景化表达来引导消费者的"# 跑了就懂 #"系列文案，如图 2-2 所示，很经典。

跑得快能升职加薪？邮件没人回复怎么办？班都不用上？#跑了就懂# Just do it.

以为自己还没长大？玩儿太凶了吧？这么想红？#跑了就懂# Just do it.

减肥非得这么辛苦？小腿跑粗了怎么办？去疯玩儿不是更爽？#跑了就懂# Just do it.

图2-2　耐克"#跑了就懂#"文案

通过耐克的案例我们可以看出，利用反问句写作文案标题最大的目的是利用语气的肯定来释放正面情绪的力量，通过用户阅读过程中时间的延长、语气的加深来调动情绪。为达到这种作用，还有一种类型的文案标题能发挥奇效——自嘲型淘宝文案标题。如洗发水品牌潘婷曾在春节期间推出过以下系列的自嘲型文案，取得了很不错的传播效果。

不必担心每逢佳节胖3斤，因为少了3斤还是很胖。

你说好一路到白头，却在途中染了发。

虽然你不会发光，但是你会发胖啊！

作为一种比反问更带有强烈感情色彩的修辞方式，自嘲型文案标题不仅可以取得更佳的效果，而且在如今的网络语境下往往还带有幽默、俏皮的意味，很容易使年轻人产生兴趣，促使其转发，只不过这种方式一定要结合语境、氛围，巧妙利用才能取得奇效，就像"说反话"是喜剧创作中常见的手段。比如，很多牙刷产品文案引用过的"一毛不拔"，打字机的"不打不相识"，当铺的"当之无愧"，等等，都是很精彩的应用。

相比反问型淘宝文案标题，自嘲型淘宝文案、反话型淘宝文案标题实现的目标更多集中于受众对所用词语的联想力，并不像反问那样需要罗列些许生活场景做铺垫，往往就用一个成语，画龙点睛即可。

> **小提示**
>
> 以上内容中，"说反话"是加上双引号的，寓意便是并非让大家真的说反话，而是将它作为一种语言技巧在特定场景下使用，分寸感也一定要拿捏得恰到好处，如果玩笑开过了，不仅不能收获良好的效果，反而可能会适得其反。

2.3　悬念型：为什么他们可以轻松地骑行到边远地区？

相比疑问型与反问型，悬念型文案标题更具备戏剧性结构与戏剧性效果。大家应该都看过悬念剧，好剧一幕幕拉开，最后才揭晓谜底。悬念型文案同样如此，信息并不是一次而是通过系列的形式分步展现在受众面前，先通过设置悬念激发起消费者的关注，随后解疑，通过前后反差给人留下深刻印象。典型文案标题如下。

为什么他们可以轻松地骑行到边远地区？

那些饮料中所谓的营养真的营养吗？

悬念也有大小之分，以上这些为单一文案的悬念型标题，但如果想要获得持续性效果，还要将悬念设置于整场事件营销中，一般而言都会经过以下这3个主要过程。

1. 设疑

悬念型肯定是要先有悬念，设置疑点，吸引受众关注。切记这个过程中最重要的是不要过早点明，一直有一些悬而未决的因素才是有悬念，否则就无法起到吸引人的作用了。

2. 推疑

下面，便是要充分重视受众的感受，并据此调整情节的发展节奏，甚至内容。一切旨在充分发挥受众的主观能动性，提高受众对营销的关注度。

3. 解疑

最终，在事件高潮时揭出真相。答案与预设反差越大，营销效果越好。

往往有一定影响力的大企业在推广自己的产品时比较常见这种手法，因为大家本来对其关注度就比较高，其文案稍有悬念便能引起很多人的关注，过程也比较容易持续。比如，有一则别墅广告的标题是"我和我的邻居，没共同语言"，这个标题让人很好奇——这是什么样的房子呀，房地产广告不都是想说与邻居有共同语言、相同喜好吗？

这则广告不是这样的，因为该处别墅的"邻居"是一群野生鸟，如图2-3所示。

图2-3　广告文案配图

广告商利用悬念型文案标题的手法成功将一个容易令人产生好奇的故事引到对自身产品的宣传上，可以说是悬念式营销的经典玩法，赚足了受众的关注，效果自然不会差。

2.4　新闻型：三里屯多了一家价格很奇葩的酸奶公司

人们关注新闻最主要的目的是了解时事，满足对新事物、周围事件的观察欲。也正是基于这样的本能，当我们的文案能用类新闻的方式传播出去时，吸引力也是惊人的。

新闻型文案标题，主体是文案，只是借用新闻写作的技巧，并不是真正报道新闻事件，典型案例如下。

三里屯多了一家价格很奇葩的酸奶公司

同样，与本书"2.3 悬念型：为什么他们可以轻松地骑行到边远地区？"中的悬念型文案类似，如果我们能将新闻型文案扩展为一场完整的新闻营销，收获的效果将倍增。其中一个经典的案例便是乐纯酸奶在首次推出时便实现"硬广告"24 小时阅读人次突破 100 万，从而声名鹊起。

这篇名为"三里屯多了一家价格很奇葩的酸奶公司"的文案中，并没有太多创业公司的理想、愿景，只重点讲了两件事——乐纯做什么产品、接受什么样的定价，如图 2-4 所示，结果就是这样一篇文案在路人扫码分享的过程中形成爆炸效应，使乐纯酸奶迅速扬名。效果惊人，以至于稍晚些预订酸奶的人要在预定后一个星期才能收到产品。

每一口都像在舔盖儿

作为一个美食爱好者，
你是不是总希望酸奶稠一点儿？
乐纯可以满足你这个愿望
我们使用德国的滤乳清工艺
脱掉产品2/3重量的水分
使乐纯酸奶具有冰激凌般的醇厚口感

真材实料，放心食用

乐纯酸奶的基础配料
只有生牛乳和发酵菌
还原酸奶的本真风味
做出真正打动人心的食物

图2-4　乐纯酸奶的淘宝文案

三里屯是北京繁华的商业区，每天都会有很多新鲜事发生，乐纯酸奶正是看中了这一点，文案标题中并没有采用近年来过于泛滥的夸赞型词汇，而是在文案标题中用"奇葩"作为形容词形成新闻效应，能很好地满足年轻消费者的猎奇心理，最终取得非常好的传播效果。

新闻型淘宝文案标题就是如此，只要切实抓住用户的痛点，往往会产生让人意想不到的效果。

小提示

新闻营销是近几年企业主们比较钟爱的营销方式之一，只要能踩到点子上，达到浏览人次突破100万的营销效果是可以较快实现的事情。不过企业营销人员一定要正视这种效果的实用价值，千万不要急于求成，总想着自己仅仅靠这种手段便能迅速登上人生巅峰，营销还是脚踏实地比较好。

2.5　新奇型：用出生当天的老报纸作为礼物

"新奇"一词，早在我国南朝刘勰的《文心雕龙·体性》中便已经做出了解释：新奇者，摒古竞今，危侧趣诡者也。意即"新奇，就是新颖奇妙，与一般现象相反，不走寻常路。"要想吸引别人的注意力，总要有意思才可以。

不过我们也不要受"创新"的影响而将"新奇"过于拔高，以至于只有产生炫目效果才是新奇的这样的想法。事实上，只要我们能找到一种前人所没有用过并且能引起大家兴趣的新方式，便是新奇的，可以吸引消费者、为你带来商业价值。常见的新奇型文案标题形式如下。

益生堂三蛇胆为何专做表面文章？——某保健品

战"痘"的青春——某护肤品

今晚，你准备"亲吻"佳百娜吗？——某葡萄酒品牌

很多人每年都会为送给父母、好友什么样的生日礼物而发愁。一家礼品公司看中了这一点，推出"用出生当天的老报纸作为礼物"的新奇观点，如图2-5所示，利用如今大家普遍存在的怀旧情结，让大家买一份过生日的人出生当天的报纸来当作生日礼物，最终取得了很不错的销量。

图2-5　生日报的淘宝文案

在创作新奇型文案标题时，反差与猎奇自然是屡试不爽的技巧，只要文案人员善加利用，将会产生不一般的效果。

2.6　对比型：原价 199 元，现价 99 元

通过行为经济学的研究发现，人类不但喜欢拿事物与事物做比较，而且尤其喜欢将容易比较的事物集中做比较，避免将不容易比较的事物做比较。这里面就有商机了，利用这一点，我们可以在撰写文案时，先设置一个亮点用于对比，突出产品优势，当消费者看到时，相比没有对比存在的文案，效果好很多。

虽然我们一直都知道便宜没好货、商家不赚钱就不会做生意的道理，但是一旦看到以下这些标题，还是会进行浏览，这就是天性。

原价××元，现价××元。

此产品秒杀价××元，明天恢复原价××元。

现价××元，明天即将涨价××元。

现在立刻抢购就送价值××元的赠品。

××产品即将断货，进行价格调整，欲购从速。

显然文案中的对比并不仅限于价格层面，各个层面均可以拿出来写成文案标题，只是大家对价格最敏感，使其成为最常见的形式，如图 2-6 所示。仔细观察后我们可以发现，对比型淘宝文案中手机厂商做得比较好，每当有一款新机型发布时厂家便会在文案中将自己的新机型与其他品牌的同类产品做对比，从价格、芯片，到闪充速度、待机时长、拍照质量，各个方面都会被比较一番，所以这类文案的热度也是很高的。

图2-6　淘宝上最常见的前后两种价格对比展现形式

> **小提示**
>
> 如果实在想不出如何写价格对比型文案，可以出去走一走，很快就会看到经典文案：本店转让，紧急甩卖，全部××元钱一件处理。大部分情况下，走进有这些广告宣传的店面，光顾的人一般不会少。这足以证明价格对比型文案对于大众而言是有相当强的吸引力的。

2.7　好处型：超静音纯铜电风扇，不影响睡眠

如今各类竞争产品严重同质化，"酒香不怕巷子深"恐怕已经不是那么有意义。大家的"酒"都很不错，可是唯独你在深巷还不吆喝，消费者都注意不到你，又如何会去购买你的产品呢？一切文案的目的都是引起消费者的注意，大众化消费品营销，文案标题暂时还谈不上体现格调，直接标明好处才是对产品销售的有力支持。

好处型文案标题最大的特点是单刀直入迎合消费者的消费习惯，直接将产品特性、功能优势、消费者使用产品时最关心的点呈现在消费者面前，打动消费者。具体案例如下。

充电5分钟，通话2小时。——OPPO手机

你的清凉触手可及。——美的空调

打印低至0.01元/页的A4文档。——某品牌墨盒

给你音乐会般的享受。——某品牌耳机

再比如，作为大众消费品的电风扇，消费者在购买前凭借生活经验便已经对产品形态、规格相当了解，最关心的是电机质量如何、是否保修、价格多少、噪声是否会影响睡眠等，将这些点直接写成文案标题，如"超静音纯铜电风扇，不影响睡眠"，然后再逐一介绍此款电风扇的亮点，如图2-7所示，消费者对这款产品"一见钟情"的概率将有一定提高。

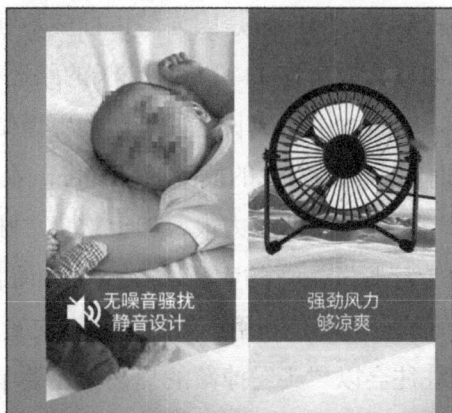

图2-7　某品牌电风扇的淘宝文案

其实好处型文案标题的本质还是对产品本身功能亮点的挖掘，只不过更重要的是要从用户的角度来发现产品亮点，知道他们最需要什么并给他们解决方法，这些内容才是用户最大的购买动机。卖祛痘面膜，就要将"祛除痘痘的烦扰"告诉浏览者；"互联网＋医疗"可以实现智能预约，要将"让你不用排队"安排在醒目位置。

2.8　警告型：10 个人有 4 个人将列入脱发行列

按照大众心理学的研究成果，人们在浏览信息时，对负面信息和带有警告性质消息的关注程度远高于绝大多数平实报道。

产品文案写作中自然也可以利用这一点大众心理，实际上文案人员思考如何通过文案标题吸引消费者阅读，主要有 3 个主攻方向——调用了用户什么认知、调用了用户什么情绪、调用了用户什么欲望，如果能占其一，淘宝文案便大有文章可做，警告型淘宝文案显然是调用了用户恐惧与好奇夹杂而成的情绪。

当然，警告型淘宝文案也从侧面造成了"标题党"的泛滥，很长一段时间内，淘宝卖家刷屏朋友圈的标题很唬人，动不动就"一定""必须""只有"。

20岁之后女人必须要学会的11件事。

20岁必须买的护肤品有哪些？再不护肤你就老了！

如果谈到警告程度，以上这些只是处于较低层次，目标感稍差，基本上用得多一点儿就会令人产生敏感性排斥，很难再上一个档次。我们既然要学就直接学精髓，一味效仿这些是没有用的。

除了因为大家都看腻了，同样也是因为警告程度不够强烈，女孩长大应该知道的事情有很多，为什么只有这11件事？成长的路还有很长，这11件事知道与否也就不重要了。在文案中用成长这种长远的事情做警告，效果往往会比较平淡，反之，用短时间内便会发生的危险加以警告，效果会好得多。

如脱发这件事情。现代人生活压力大，加上饮食、睡眠不规律导致脱发的风险很高，淘宝上做治疗脱发生意的卖家不在少数，而我们观察后可以发现，这些卖家中生意做得好的全部都是利用了警告型淘宝文案。

这样的淘宝文案往往会以"头发掉落的痛，你还要承受多久？"为话题展开讨论，随后列出图2-8所示的3个常见现象。

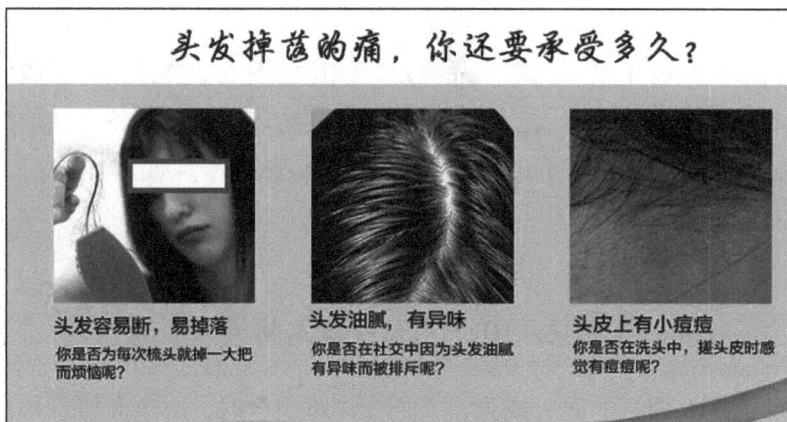

头发掉落的痛，你还要承受多久？

头发容易断，易掉落
你是否为每次梳头就掉一大把而烦恼呢？

头发油腻，有异味
你是否在社交中因为头发油腻有异味而被排斥呢？

头皮上有小痘痘
你是否在洗头中，挠头皮时感觉有痘痘呢？

图2-8 淘宝文案的案例图

利用脱发者常遇到的3种生活场景增强代入感后，卖家又将权威机构调查结果展示出来加以警告：95%以上的成年人存在头发问题！10个人中有两个人面临脱发困扰，有4个人即将列入脱发行列！然后告诉目标客户，如果想要停止脱发、长出新发，摆脱脱发困扰，如图2-9所示，即使用文案推广的产品。

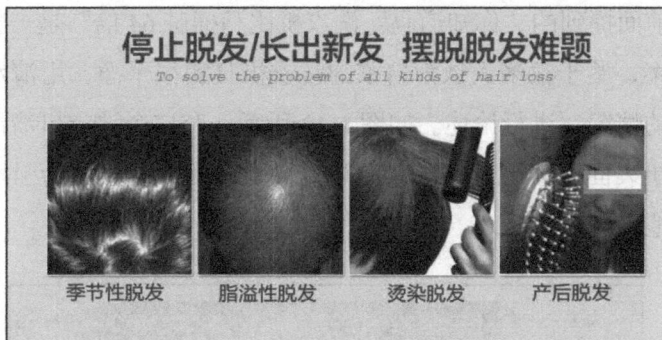

图2-9 提出解决问题文案图

"10个人有4个人将列入脱发行列"这则警告型淘宝文案标题最终为商家赢得了相当不错的宣传效果。总体来说,它正是利用现代人普遍存在脱发焦虑的心理加以警告,由于很多人自己或身边人都存在这样的困扰,所以这则文案标题可以快速击穿这些消费者的防备心。

2.9 危险型:你知道吗?洗衣机比马桶脏64倍

相比警告型淘宝文案,危险型淘宝文案显然又上升了一个层次,一般都是以威胁他人健康、生命财产安全为切入点,具体案例如下。

30岁的人60岁的心脏。

你知道吗?洗衣机比马桶脏64倍。

相信不用我多做解释你已经意识到,危险型文案标题已经离赤裸裸的"标题党"非常近。无论出于什么样的动机,都要避免有流量后内容空洞无物,切记消费者并不傻。

仔细研究心理学,我们可以发现其实人类对危险的感觉是两面的,经常是一种"跃跃欲试"与"欲说还休"相互夹杂在一起的情感,特别怕有危机感,但有时在自己安全时会十分好奇地去触碰一下,虽然往往不愉快,但就像小时候看恐怖片,自己很害怕但就是一直想看。

在淘宝文案中,往往可以利用人们应对危险时的情绪来替代逻辑分析和思考,让目标客户更快做出抉择和行动。危险型文案的策略一般情况下都是先指出一个问题(最好是受众此前没有意识到一旦提出就令人觉得非常严重的问题),然后抓住论点放大这个问题,最后给出解决方案。

比如，前面提到的"你知道吗？洗衣机比马桶脏 64 倍"是一款洗衣机清洗剂的淘宝文案，鉴于很多人认为自家的洗衣机其实很干净，用清水或洗涤剂洗洗就可以了的情况，进行论述。如图 2-10 所示，在这个洗衣机清洗剂的文案中没有提洗衣机表面有多脏这件事，而是直接上升为细菌丛生会引发皮肤瘙痒和各种疾病的地步。

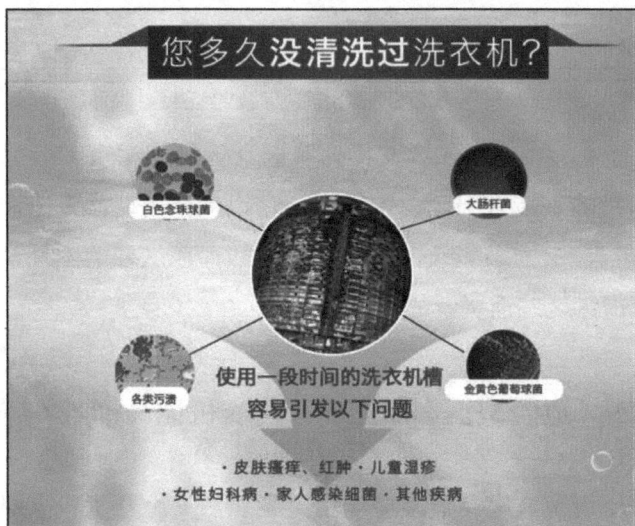

图2-10　某品牌洗衣机清洗剂的淘宝文案

危险型淘宝文案标题适合一些面向特定群体的宝贝，如专门为肥胖者设计的衣服、针对脸上有痘痘的人士推出的护肤产品，等等，这类宝贝通过危险型文案，可以获得特定买家青睐。

2.10　借势型：520，轻轻说爱你

在本书"1.4 从主流平台挖掘有用信息"中我们已经提到过一些，搭顺风车的借势营销如今已经是一种常规营销手段，甚至很多公司已经开始对各种节日素材进行积累，方便在节日到来时拿出更吸引受众的文案作品。如最近几年发明的"520 表白日"，"520"指每年 5 月 20 日，"520"谐音"我爱你"，于是"520"被大家称为"情人节"。当天，很多微信群中都会发红包，微信甚至还为"520"开通了可以一次支付 520 元的红包功能。

下面，我们就来仔细看一看各大淘宝卖家是如何借势"520"做营销的。

一年一日，彼时今朝，爱要即时，告白亦是。——卡地亚

我的每一句关心，都是你烦躁的原因。——BLOVES

不为五斗米折腰却只为你抬头。——多乐士

万宝龙曾在某年 5 月 20 日推出传承系列"红与黑"特别版，如图 2-11 所示，并借助"520"推出文案"人生还不就是先进攻再撤退，中间加上一句——我爱你。"

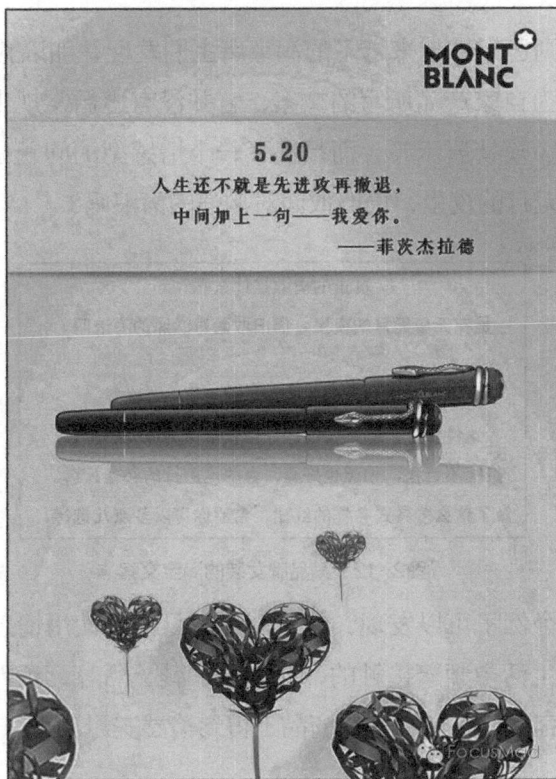

图2-11 万宝龙的"520"宣传文案图

往往各公司借势营销做得精彩也不是没有原因的，尤其是重要节日的借势营销，由于时间固定，营销人员有稳定的预期，可以在自建的文案库中选取不同风格类型的文案标题加以测试，最终选取最好的效果。

2.11 情感型：真正的勇敢是什么

文案界（如果真的存在）风格千奇百怪，有输出理想、卖情怀人设的，自

然也有卖情感安慰的。

　　百威，敬真我。——百威啤酒

　　走过的路，每一步都算数。——New Balance

类似百威啤酒与 New Balance 的文案，我们可以发现，在现代生产明显过剩的时代，营销情感其实是一桩很划算的生意，溢价效果明显。如果没有情感支持所形成的品牌溢价，这些商品也许不会比普通啤酒或普通鞋高出那么多的价格。

如今这种规则已经被越来越多的淘宝店主们发现并加以利用，图 2-12 所示是某淘宝女装店为自家产品所写的文案，它并没有遵循常规来通过文案展示衣服的面料、设计、模特展示等，而是提了一个情感型的问题：真正的勇敢是什么呢？是在无星无月的夜里，仍旧敢面对汹涌的海浪吗？

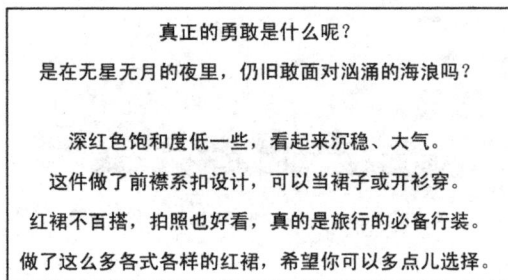

真正的勇敢是什么呢？

是在无星无月的夜里，仍旧敢面对汹涌的海浪吗？

深红色饱和度低一些，看起来沉稳、大气。

这件做了前襟系扣设计，可以当裙子或开衫穿。

红裙不百搭，拍照也好看，真的是旅行的必备行装。

做了这么多各式各样的红裙，希望你可以多点儿选择。

图2-12　某品牌女装的淘宝文案

通过以上几个例子可以发现，经常使用并且擅长使用情感型文案的商品往往是人们在日常生活中频繁接触的，如衣服、鞋、酒等，正因为长时间接触才容易日久生情，容易让人们在这些商品上得到情感安慰。

2.12　文艺型：只要步履不停，我们就会遇见

人们的口味历来都是向多样化方向发展的，无论是饮食上的萝卜青菜各有所爱，还是精神追求上的童真、豪迈……只要你能抓住其中一点并发挥到极致，自然会收获大量粉丝，吸引流量完成转换。

只要作为社会三大支柱青年之一的文艺青年还存在，文艺型文案就不会消失，甚至可以说，在当下城市生活被喧嚣、KPI 与欲望填满时，人们往往更需要读一些文艺型文案来抚慰自己内心隐藏的柔软；同时也正是看到受众的这一

点需求，尤其是一些大品牌，每年往往会推出几则偏文艺型的文案来表明品牌在赚钱之余同样心怀文艺的调性。

以上这两点其实就是文艺型文案标题写作的基本点，既要能指明大家对情怀的追求，也要符合品牌调性，功能亮点反倒可以少提一些。

你听不到的时候，我在陪伴你。——某品牌助听器的淘宝文案标题

你的眼里有一个世界，我的眼里只有一个你。

——某品牌隐形眼镜的淘宝文案标题

你把我整整齐齐的心事，剪成了一堆乱码。

——某品牌睫毛夹的淘宝文案标题

每一个商品的背后，都是一种生活态度。——无印良品的淘宝文案标题

不过只说以上这种例子未免显得过于空泛，文艺青年偶尔也需要聊点儿实在的。看看"步履不停"这家淘宝店就知道了，如图 2-13 所示。

图2-13 "步履不停"淘宝店

设计风格追求简洁、舒适的"步履不停"，主打文艺女青年市场，巧妙避开了竞争激烈的时装领域，始终通过淘宝店内随处可见的各类文艺风"圈粉"，随手点开一个页面我们便可以看到满是文艺范儿的文案标题。

第4年，第8件小风衣，每一件都在否定过去的自己

什么样的风衣，配得上四处行走的你

想要遇上足够大的风，先得给予自己足够多的自由

你是不是已经被这些清新文艺的风格所打动，很多人就是这样，先喜欢上了"步履不停"的文案，继而喜欢上了它的服装风格，最后穿上了这家店的衣

服。难得的是，这些全部出自两个人之手的文案，为这家小店带来了超过 3000 万元的年销售额。

小提示

> 如今文艺青年在商业社会创造财富的能力往往会受到很多人的质疑，"步履不停"则给出了另一番答案，只要你够文艺，并且你的文艺足以击穿很多人内心的牢笼、驱散许多人心中的阴霾，利益回报同样是丰厚的。

2.13　幽默型：让双脚不再生气

演员黄渤曾是一个驻唱歌手，却成为众多导演争相追逐的票房保障，他在总结自己的成功之路时总是说，没有人会拒绝一个幽默的人。文案同样如此，如果它幽默风趣，又怎么会不招消费者喜欢呢？

想要文案达到幽默的效果，我们要从本源上弄懂幽默的真正含义。很多人认为幽默只是会讲几个好笑的网络段子，其实真的不是这样，搞笑有好几个层级：滑稽、逗趣、诙谐、幽默。幽默是最高级的，想掌握这项技能，并不容易。

幽默是舶来词，意在形容一种有趣或可笑而意味深长的语言状态，了解了这一点，我们在实际撰写文案时便要分清幽默与毒舌，千万不要受一些网络段子的影响，将毒舌误以为是幽默。幽默是有亲和力的，可以消除排斥心理，提高传播度，而毒舌只会使这种可期待的效果适得其反。

我的名声是吹出来的。——电风扇

不打不相识。——打字机

女人像本书，可惜你的封面皱了点儿。——面膜

让双脚不再生气。——某脚气灵

高级幽默并不仅仅是"无厘头"搞笑，往往让人细细品味起来还经得起推敲，有智慧的味道，当然，若写出与产品功能定位及调性完全相符的、幽默的一段话是相当有难度的。

通常情况下，达到幽默效果一般有以下几种方法。

1. 对比法。通过对比的反差在揭示事物不一致性的同时实现幽默的效果。

如古罗马政治家马库斯·图利乌斯·西塞罗（Marcus Tullius Cicero）曾经说："先生们，我这个人什么都不缺，除了财富与美德。"

2. 夸张法。恰如其分地夸张，如"我的肤色是喝出来的。"

3. 倒置法。将正常情况下的两者关系通过语言的组织本末倒置、互换位置，如"不是我钓了鱼，而是鱼钓了我。"

4. 暗喻法。内涵笑话的常用手法，利用暗喻戳中笑点，但切记不要在不合适的场合开没教养的玩笑，如"下大雨了，他没带伞，结果成了落汤鸡。"

5. 歇后语法。其实很多歇后语就是前辈们对生活幽默化并加以总结的结果，如"三九天穿裙子——美丽又冻（动）人""纳鞋不用锥子——真（针）好"等都是很幽默的表达，在其中找一两点用于文案写作也未尝不可。

小提示

西方人总说幽默是一个男人最应该具有的优点，那么在文案界，幽默也应该是一个文案人员应该具备的特质。这个世界，没有人愿意看自怨自艾的文字。

2.14 暗示型：要么热得快，要么没人爱

暗示，顾名思义便是不直接表明意图而是通过使用较为含蓄的言语、示意或制造某种气氛、景象让人领会的心理过程。只是尺度略有差异，心领神会的过程都一样。

暗示这种技巧用在文案写作中也是相当适宜的，犹抱琵琶半遮面更能激发文案的美感和读者的探索欲。实际操作中，不直接说明意图，而是旁敲侧击，用一句话暗示，让用户自己去体察产品的价值。典型的如吉列剃须刀的那句"赠给你清爽的早晨"，完全没有提及关于剃须的任何事，但一切尽在不言中。

苹果手机也是善于利用这一点的高手，并且 iPhone 手机的文案特色是通过将大家熟悉的词语中间隔断的方式来体现对功能期待的暗示，如"妙，不可言""一拍，即合"，如图 2-14 所示。

图2-14　iPhone手机的淘宝文案

暗示，就是说话不要太"满"，当然也不要将包袱藏得太久，应该让读到的人自己思考两三秒后体验"发现新大陆"般的感觉，如果你都说了，反倒没什么意思了。如果没有读者的思考与愉悦就不会有互动和转发，也就不会有传播了。

2.15　逆向思维型：女人的年龄可以遮掩

有关逆向思维，在本书"1.8逆向思维思考产品卖点"中我们已经讨论过，但着重讨论的是怎样运用逆向思维来思考产品卖点，以下则主要讨论如何运用逆向思维来撰写文案标题。

每个人都有固定的思维模式，而且绝大多数人都不是很喜欢自己在固有思维模式下所产生的路径依赖，当然也就恨乌及屋，不喜欢这套思维方式写出来的文案标题，"标新立异二月花"写在对联中，几百年来受人们喜爱，用到文案标题中同样很有吸引力，更容易突出重围。

在我眼中，做香肠这种事情太简单了。——某品牌灌肠机

除了绞我，你还能做什么？——某品牌多功能绞肉机

女人的年龄可以遮掩。——某品牌女士化妆品，如图2-15所示淘宝文案标题

网络上对于女性化妆一直有一种说法，说她们不能诚实面对自己，某化妆品品牌则直接针对这种说法表明：女人的年龄就是可以遮掩。不仅彰显气质，

受到很多女性的欢迎，还从侧面表达出了该品牌优秀的产品特质，可以遮掩你的年龄，不露声色、不留痕迹，简直将化妆品效果上升到了"易容术"的水准。该品牌的这则文案令人拍案叫好，如图 2-15 所示。

图2-15 某化妆品品牌产品的文案

基于同样思维方法的营销活动很多，如 BGH 空调就举办过一场日照抵折扣的活动——家里日照时间越长，热度越高，买空调折扣越大。这个文案与家里越热的人越急需买空调，商家越能卖个好价钱的"正常思维模式相反"。结果正是这个反常之处激发起人们的趣味性，让非常多的人当作乐趣参与进来，BGH 空调在那一年夏天的销量很好。

小提示

所谓逆向思维并非是正话反说那样简单，而是一种求异思维，是寻找与大众不同视角的方法，多数人都喜欢与别人不一样的、能给人带来惊喜的东西，只要你能标新立异，所写出的文案的效果往往要优于一般文案。

2.16 补充几种实用方法

本章前面的内容讲述各种类型淘宝文案标题的写作技巧，但限于篇幅，主要还是停留于理论与案例列举层面，到了本章结尾，为大家介绍几种写标题的方法。

1.利用数据增加吸引力

数字的直观性、对比性往往是文字所不能及的。有时有点击率的好标题与没有点击率的坏标题只是差了一个数字，如"文案小白必备标题公式"和"文案小白必备的 8 个标题公式"，当受众以每秒几个字的速度在网页上浏览时，你以切身经验揣摩一下哪个标题会让他们的印象更加深刻呢？

答案是不言自明的，原因在于数字使得用户对这篇文章的认知更清楚，对其内容也更明了，期待也更加明显，用户知道自己缺的就是这8个标题公式，阅读的欲望自然增强。

当然，我们在学习、使用这种实用方法时不要刻舟求剑，运用数据撰写文案标题时一定要选用与卖点有关的数字，千万不要选用与卖点无关的数字，否则只会徒增笑话，如"在学校学了300节课，做了10个项目让我工资涨不少"这个例子，内容之间没什么关联，反倒会让观者一头雾水，不知所云。

2. 名人效应

利用名人在网络上具有大量粉丝的优势，通过在标题中加入名人名字的方式，营造可信氛围。这里的"名人"既可以是与你文案主题卖点相关的名或物，同时也可以是在行业中德高望重的"大咖"，如"天猫店铺运营秘籍"这个标题便可以改为"连马云都忍不住点赞的天猫运营秘籍"。

将这两个标题做对比，毋庸置疑是第2个标题更能吸引人们关注，连马云都称赞的天猫秘籍，那一定是非常吸引人的。

3. 制造争议和否定

这种方法利用的是人们内心偏执、喜欢与别人较劲儿的一面，很多人都有这样的心理：你越不让我干什么，我偏干什么；你说我不会什么，难道你就会？所以，遇到这种"叫板"题目的文章，就不忍不住点进去看，典型的如"标题的5种写法——别跟我说你会写标题"与"××不想让你知道的……"这样的文案形式。

4. 利用符号使标题更劲爆

前一章讲的都是各种写标题的技巧，在本章的最后，说一说对标题进行点缀的重要性，讲解如何利用标点符号对标题进行点缀。

大家在小学开始接触标点符号的用法时便已经知道，标点符号是用于表达抽象概念，并帮助读者体会语句所蕴含的情绪的。正所谓"句读之不知，惑之不解"，标点符号对于现代人的阅读养成有着非常重要的意义，人们对标点符号有很强的识别度。

当标题中出现叹号时，一般要表达惊讶、赞扬、伤感等比较强烈的感情，使用叹号可以吸引关注，让用户体会相应的情绪。如"微信公众平台五大功能更新"显然要比"后台又崩溃了？其实它又更新了五大功能！"的表达效果要差一些。

当文案标题中出现问号时，显然是在挑起读者的好奇心。尤其用反问句表达，读者则更会有寻求答案的愿望，同时利用读者阅读时语气的加强突出核心内容，让读者更有代入感。如"探寻百万粉丝大号涨粉秘籍"的效果便不如"这群年轻人如何做到 3 个月涨粉 100 万"，显然后者的代入感效果更好，前者显得平铺直叙。

当文案标题中出现省略号时，一般是为了突出悬念，为受众留下想象空间，多用于揭晓答案，展示出乎意料的结果或期待已久的事情，等等。

CHAPTER **03**

第 3 章
淘宝文案开头
写作技巧

|||||||||||||||||||||||||||||||||||||||||||||

　　万事开头难，写文案也不例外，在第 2 章中学习 16 种淘宝文案标题写作技巧后，怎样写好淘宝文案开头成为需要解决的问题。有关这个问题的解决方法，本书一共提炼出 11 个技巧，万变不离其宗，所有技巧都在为同一个最终目的服务：文案的第 1 句话是为了让读者读第 2 句、第 3 句……直到读完整个文案。而且要记住，千万不要上来就讲大道理。

3.1 开门见山，直接陈述观点

开门见山式文案采用直接、简单的文案开头，一般适用于大家有强烈购买欲望的产品，所以也就不用过多讲述，直接陈述观点即可。在文案开头便介绍写作的主题或理由，然后展开论述，结尾简单总结。

很多人会说，这不就是中学老师教如何写作文时所说的结构吗？虽然并不是完全相同，但这种判断的大致方向还是正确的。

最简单的结构往往也是最大众的，好处是你的受众面因此拓展了不少，如果你写出的文案只有智商 200 以上的人能看懂，是没有存在的意义的。开门见山，直接陈述观点这种文案开头结构，最大的好处在于对读者的要求不高，写文案毕竟还是要顾及大众的理解力，千万不要有过高的期望，倒不是说大众智商不高，而是他们在看文案时往往不会运用自己的聪明才智。

开门见山式结构简单，核心观点会被多次强调，只要全部读完，比较容易让人们接受和记忆文案中表达的观点。同时，这种方式非常有利于文案人员规划选题、罗列核心观点，一步步展开时也会有条不紊。

实际操作中，确定文章主题后便要以此为出发点形成主题，向受众陈述为什么要写这篇文案，是为了解决什么问题，为此我们做了哪些努力，又是如何通过新的、高效的方法去解决了这个问题。整个过程的思路如图 3-1 所示，即"唤起需求——解决需求"。总之，一定要主题鲜明，如果这个主题是某个人经常遇到的需求痛点，那么他（她）自然会对这个主题感兴趣，会认真读下去。

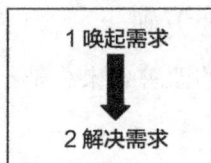

```
┌─────────────┐
│ 1 唤起需求   │
│      ↓      │
│ 2 解决需求   │
└─────────────┘
```

图3-1 开门见山式文案写作思路

下面，便是要分条列出自己的观点的第 2 部分，引用可以佐证自己观点的证据或案例，在其间加以充实、说明，可以是并列关系、对比关系，也可以是递进关系、包含关系。

最常见的是并列关系和递进关系。并列关系是指彼此间互相平行，各论点地位相当，相互间也并没有明显的时间推移或其他依从关系。好处是可以从不同侧面展示，从不同方向说明，坏处是当大家都一样时，往往不能突出重点。相比之下，递进关系在这一点上要好得多，所谓递进便是彼此之间存在较明显的时间推移或观点深入推进关系，论述如一件案子的发展、一家公司的成长等，都会给人一种流畅的感觉，但坏处是，这种论述往往会少一些使人内心起伏的东西。

总之，只要能表达清楚、阐明问题，其实采用哪种关系并不重要。

做一个小总结，亮出自己观点这种方式，可以是重新提炼新的观点，也可以将前面说的分观点做汇总，使别人稍微分散的注意力集中起来，加深一下印象。当然，如果能够提炼出一些非常不错的句子，能够让别人转发，是最好不过的。

3.2　直接提问，引发悬念

写文案时通过直接提问、设置悬念的方法吸引读者读下去，继续了解，其实这种方法与本书"2.1 疑问型：这，真的是松饼吗"中所讲解的疑问型文案标题一脉相承。但不同的是，利用这种方法，文案标题更注重短小精悍，更注重利用熟悉的生活场景直接提问，用精简的直接的文字吸引读者注意、阅读文案内容。

虽然是文案开头，但区别是已经进入文案，此处的直接提问不仅字数可以更多，所提到的内容也可以更加详细，图 3-2 所示为某化妆品的淘宝文案，提问就很详细，甚至连答案也简要地说出了一点儿，让读者有大体的认知，使其更有兴趣了解下去。毕竟已经开始阅读文案的人是想要详细了解问题和解决方案的。

80%的人不明白，

用的都是一线大牌，

为什么肌肤的改善效果总是不理想？

你的方式错了！

××小黑瓶不好！××××小棕瓶不理想！××三件套居然会令人长痘？！
火气别撒在化妆品上了！根源不在牌子，是方法出了问题！
护肤品只是表皮护理，从源头解决美白保湿、缺水补水、祛痘去印、敏感红血丝、去黄清黯淡、驻颜抗氧化、保养抗衰老、祛斑淡斑、淡化皱纹等，靠涂涂抹抹的表面功夫是根本不可能解决的。
要效果，就要拒绝谎言，直击源头真相——好效果，由内而外补出来！只有通过内服进补保养，才能从源头对肌底注入营养，从而使肌肤白嫩、光洁、紧致、弹滑。

图3-2　某化妆品的淘宝文案

我们继续以图 3-2 所示的某化妆品的淘宝文案举例说明,这是提问式文案开头的经典款,3 个主要步骤如下。

1. 设问

只要在不违法、违规的条件下,疑问设得越大越好,主要作用是吸引受众关注,如果还能在问题中加入一些"一线大牌""大咖名人"的示范、案例,那是再好不过,连这些熟悉的大牌和名人都犯了这样的错误,更容易激发受众的好奇心。

2. 扩张问题

问题提出之后,就算说得相对详细,也不可能表述得非常全面。这时便要对问题再次进行扩张,将问题细致化、条理化,掌握好节奏,带着读者一步步走进你设置好的"陷阱",问题越来越难,读者越困惑越想知道答案,效果越好。

3. 说出答案

吊足读者胃口后,往往还要在说出答案的过程中,话锋一转,带出解决问题的最好方法,其实就是选用自家这款产品。

不过要说明的是,以上这些内容也只是方法论,要像学习秘籍那样活学活用,千万不可以生搬硬套,否则别人不会提供任何对你有价值的反馈。

图 3-3 所示为某品牌电视的文案,提了一个大问题——"2016,如何练就好身材?"作为文案开头,还没有扩展问题,便上来就回答不相关的"首先,你需要一台新电视。"怎么不说需要一部新电视剧呢?

图3-3 某品牌电视的文案

这则电视的文案的目的其实不难猜测，切入点也显而易见：新年到了，很多人去年许下的"拥有好身材"的愿望还没实现，今年可能又许下了一个同样的愿望，趁着3天热乎劲儿赶紧让他们将器材买了。很多人都会选择跑步机，但在跑步机上锻炼时经常会无聊，那么就需要一台大屏幕电视机用于打发无聊时光。

健身这个问题提得不错，健身是很多人的关注点，但需要新电视的原因则比较奇怪，新电视无法满足大家渴望健身的欲望。健身偶尔是有点儿无聊，但为什么要买一台新电视呢？不应该不着急回答，在文案的问题扩展环节铺垫好，再说出买电视机的动机，似乎还有可能吸引一些消费者，过早就写出来，完全是败笔。

> **小提示**
>
> 以上主要讲解了悬念式文案开头写作方法，这种手法成功的关键是"扩张问题"这一步骤，找一个能引起很多人兴趣的问题并不难，难的是怎样将这个问题与你所要推广的产品相关联，并通过天衣无缝的手法将两者有机结合在一起。

3.3　半遮半掩，欲盖弥彰

中国式审美素来讲究含蓄、内敛，与西方自由、奔放式的审美有很大的差异，从李清照笔端流出的"和羞走，倚门回首，却把青梅嗅"便是如此，而且很多人都会喜欢。

既然这么多人喜欢，那么为什么不应用到文案写作中呢？回答当然是可以的。事实上利用这种大众心理写成的文案并不在少数，还被很多从业人员戏称为"半遮半掩，欲盖弥彰"式的写法。可能你每天都会看到这种文案，并查看详情，只是自己没有意识到。相比开门见山式和悬念式，半遮半掩式的写法，只要运用得好，对文案效果的提升是明显的。图3-4所示的《白鹿原》小说的淘宝文案，并没有多说书中的情节，而是重点突出它所获得过的奖项，以及根据它所拍摄过的影视作品。

不过我们在惊喜于图3-4所示的"半遮半掩，欲盖弥彰"的方法时，要注意到，这种方式也有软肋，即文案的相关内容在发布文案前已经有一定的知名度，采取半遮半掩的方式可以激发用户阅读的兴趣。

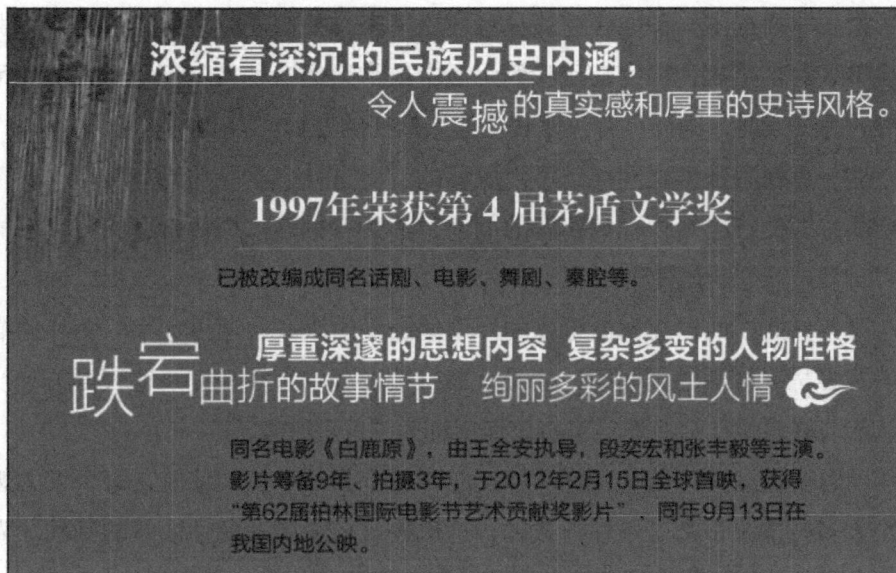

图3-4　《白鹿原》的淘宝文案

《白鹿原》是名著，相当多的人没看到这篇文案时就已经知道它是一部什么样的著作，当他（她）看到文案时才会有非常大的兴趣。

以此类推，文案中"半遮半掩"的内容来源未必完全是书中的内容，"功夫在诗外"一直是营销的拿手好戏，尤其像《白鹿原》这样已经流行了很长时间的作品，可以挖掘的点很多。《白鹿原》小说的文案，开篇没有提书的内容，而是说它已经被改编为很多版本的话剧、电影、电视剧等，让只看过这些影视作品而没有看过原著的目标客户联想到，影视剧都这么好看，原著自然不会差；如果碰巧目标客户连影视剧都没有看过，那么就罗列参与创作的名人，通过名人的效应来吸引浏览者的目光。

看到这里，也许有的人会说："很出名的东西，本来受众就广，当然好弄了。我只想知道不出名的商品应该怎么样利用这种方法写文案。"

上面关于"半遮半掩"的内容已经说得很清楚了，"半遮半掩"绝不是将自己的优点掩盖起来什么都不说，而是露出一点儿最好的内容让人看到，至于什么是最好的、如何露出，就是仁者见仁、智者见智的事情了。

3.4 情景对话，引出下文

如果非要选出一种能快速让读者放松下来，并信任文章内容的文体，那一定非情景对话莫属，因为它是我们生活中最常见的一种人际互动形式，利用这种形式写文案时，同样具有快速获得他人信任的魔力。

这一点在心理学上同样是可以解释的，通过社会实验的研究表明，无论哪种产品，即使它已经摆在消费者的面前，消费者也是依据日常经验与自己的想象力对其进行第一次使用。

既然如此，此时文案最重要的作用便凸显出来——通过文字与图片的描述为消费者呈现鲜活的画面感，让受众在阅读过程中直接、完整地获得关于产品的认知与联想，社会心理学家将该作用称为"鲜活性反应"。

同时要特别注意的是，鲜活性反应本质上是一种认知偏差，每个人的想法在绝大多数情况下都是不尽一致的，这也构成了人类非理性决策的基础。人们往往会由于认知眼界有限、耐心有限、时间有限等原因，并不会像AlphaGo（阿尔法狗，谷歌智能程序）那样将每一个决定都从头到尾算一遍再做出最佳选择，而是根据信息在大脑中的鲜活性反映程度来做判断，鲜活性越高，信息越能获得更多注意力，最终使目标客户实现购买的可能性也越高。

利用情景对话的形式写文案开头引出下文，最大的好处是可以在文案开头就能在受众大脑中建立、催化出强烈的鲜活性反应，画面感十足，大众容易理解，有代入感。

如近年来利用电商卖干果零食，进入全国前列的三只松鼠，曾在网络节日"8.8父亲节"推出过一款以情景对话表达父爱为主题的促销文案，典型画面如三只可爱的小松鼠围着父亲大喊。

"爸爸，我要吃好多好多坚果。"

"爸爸，换我照顾你！"

"爸爸，我爱你！"

三只松鼠的文案的画面感很强，尤其在"8.8父亲节"这样的节日里很应景，很多异乡人一年里与父亲见不了几次面，这则文案唤起他们的相思与感动，很多人就是因为这种感动而下单购买，邮递给在家乡的父亲。

当然也没有必要全是以这般温情泪点开场，幽默一点儿也是受众刚需，如可爱的表情包风格等文案收获的效果也很多好。图 3-5 所示为三只松鼠的一款幽默风格淘宝文案，抓住了年轻人宅家想吃零食又怕长胖等痛点。这样的文案无论是传播效果，还是收益、口碑，均取得不错的效果。

图3-5 三只松鼠的淘宝文案

还有一点很重要，当在网络上以对话口吻写文案时，一定要关注现代年轻人在网络上用微信、QQ 等工具聊天时的对话习惯——频繁使用短词汇、短句子，千万不要想着用一个长句就把想说的说完，这样会显得啰唆，想象一下你平时是怎么在网上聊天的，你就会明白短句比长句更让人喜欢。

> **小提示**
>
> 无数的营销专家、企业家都在预言"未来是场景营销的时代"，事实也正在朝这个方向发展，几乎所有消费者都对广告越来越没有耐心，如果不能将消费者引入一个特定的场景，而仅仅是一两句广告语，是很难引起人们的兴趣的。

3.5 现身说法，给人信服感

按照文艺理论的说法，无论文字形式是诗歌、散文、小说，还是其他形式，所有好的文章、好的内容在于激发人们的自我意识。作为互联网生态内容重要一环的文案自然不会例外，绝大部分优秀的文案、传播效果最好的文案都是在激发人们的自我意识。

那么如何通过数百字的文案瞬间激发读者的自我意识呢？除了文采，最重要的手法便是现身说法，给人信服感，"证言广告是有效的广告方式之一，语言贴切，令人信服"。这和交朋友是一个道理，如果你坦诚向对方讲出你的故事，那么你与对方成为好朋友的可能性会很大。

事实上，大量优秀的文案人员也是这样做的，令人信服的文案莫过于以消费者角度现身说法、以朋友的口气去叙述，娓娓道来，字里行间透露出真诚，将诚恳的气质从文案代入到消费者对产品的认知中，这样更能激发出消费者的购买欲。

褚橙的传奇，相信很多人都知道，它算得上是中国生鲜营销界的一个传奇案例，如图3-6所示。但大家仔细想一想，难道褚橙的成功就是因为它种出了世界上最好吃的橙子吗？恐怕并不是，主要是因为它是"励志橙"。褚时健种植橙子树，褚橙代表着褚时健身上那种面对困难不屈不挠、被打倒了依然还能东山再起的创业精神。如果没有褚时健的现身说法、王石等知名企业家的助推，褚橙是很难有这么大的影响力的。

图3-6 褚橙的淘宝文案

在我们后续的研究中发现，通过现身说法这种方式写文案显然不可能是某个人说一下自己切身感受那么简单，想要使你的文案受到广泛的欢迎，往往需要同时满足以下这3个条件。

1. 个别人物法则

简单地说便是什么人来现身说法。我们可以想一想为什么品牌偏要去找那些广告费非常高的大明星们来代言广告，因为明星就是个别人物、意见领袖，只要他们出现在社交网络，讨论便会非常热烈，看的人更容易相信这个产品是好产品，褚时健显然就是褚橙在传播中的个别人物。

2. 附着力因素

所谓附着力因素是指传递的信息具有附着力，受众看过一遍后便能记住，这一点在褚橙利用微博营销的过程中体现得很明显。作为普通水果，橙子其实并不好卖，但褚橙最大的优势就是有故事可讲，如图 3-7 所示。当年褚橙进京，媒体帮了不少忙，报道文章 24 小时内被转发数千次，结果一发售，1000 多箱瞬间销售一空。

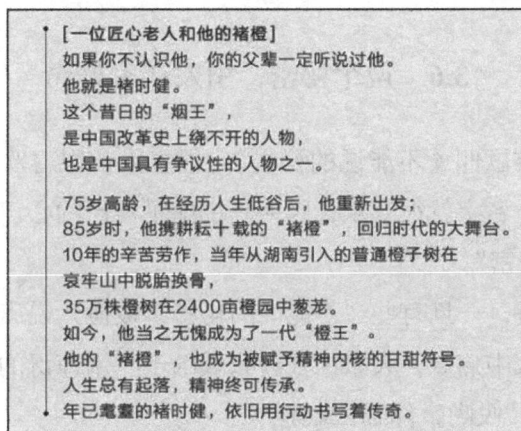

```
[一位匠心老人和他的褚橙]
如果你不认识他，你的父辈一定听说过他。
他就是褚时健。
这个昔日的"烟王"，
是中国改革史上绕不开的人物，
也是中国具有争议性的人物之一。

75岁高龄，在经历人生低谷后，他重新出发；
85岁时，他携耕耘十载的"褚橙"，回归时代的大舞台。
10年的辛苦劳作，当年从湖南引入的普通橙子树在
哀牢山中脱胎换骨，
35万株橙树在2400亩橙园中葱茏。
如今，他当之无愧成为了一代"橙王"。
他的"褚橙"，也成为被赋予精神内核的甘甜符号。
人生总有起落，精神终可传承。
年已耄耋的褚时健，依旧用行动书写着传奇。
```

图3-7　褚橙利用个别人物法写成的淘宝文案

3. 环境威力

大家都知道，如果有合适的温床，菌种每天的成长速度是指数级的；如果没有合适的温床，菌种在几小时内完全消亡并不是罕见的事情。传播同样如此，褚橙也是不能脱离大环境而存在的。

人们都会对环境很敏感，反过来讲我们也可以通过改变环境氛围的方式来影响消费者进行选择。以褚橙为例，我们经常可以看到以下购买理由："那么多人都说好，为什么不买来尝一尝呢？""正好赶上旺季促销了，便宜很多，赶快买来尝一尝。""限量包装，找到你专属的'橙'"，如图 3-8 所示，这些理由显然都是以消费者自身的环境为出发点，因此还能说环境的作用不大吗？

总的来说，有关淘宝文案"现身说法"式的写法，一般套路都是先不聊产品，而是谈理想、聊人生、说境遇，先用故事感动你，最后再介绍产品的特性与优势，寻找到标杆人物是其成功的关键。

图3-8　褚橙的淘宝文案

3.6　说个秘密，引发买家好奇

周杰伦有一首歌叫《不能说的秘密》，很多人都很喜欢，而且他们对"不能说的秘密"这个名字就很喜欢，因为它说出了自己的心声，每个人内心都有很多"不能说的秘密"。

更有意思的是，一旦有些"不能说的秘密"被他人说出来后，大家会有共鸣和好奇，只要戳中痛点，大家往往会张大嘴巴、用惊讶的语气说"对呀，就是这种感觉。"或"哎哟，你怎么知道？"

既然是说个秘密，往往针对女性消费者，情感诉求为主要武器。年轻男性的焦虑只是买车、买房，年轻女性往往还要面临"学生—女朋友—妻子—妈妈"的多重身份转变，那些年虽然正是她们享受人生的黄金时代，但也是品尝生活的酸甜苦辣、情绪波动比较大的时期，她们对情感诉求比较敏感，大家在撰写相关产品文案时可以利用这一点。

多芬（Dove）是比较了解女性的品牌，在这一点上的应用炉火纯青。多芬曾找来美国著名罪犯肖像艺术家 Gil Zamora 为 7 位陌生女性画像（在彼此隔离的状态下，通过 7 位女性各自对自己外形进行描述），画出 A 画像，然后再找来不认识这 7 位女性的 7 个陌生人分别对 7 位女性进行描述，为 7 位女性分别画出 B 画像，其中一位女性的 A、B 画像如图 3-9 所示。

A画像的描述往往很悲观："我的脸颊很肥。""我觉得自己的鼻梁很塌。"

B画像的描述乐观得多："她有一双迷人的眼睛。""她的脸形很标致。"

利用这 7 位女性各自反差巨大的 A、B 两幅画像，多芬说出了她们心中的小秘密："大部分女人往往会低估自己"，她们明明很漂亮却总是盯着自己的那点儿缺点，认为自己不漂亮。

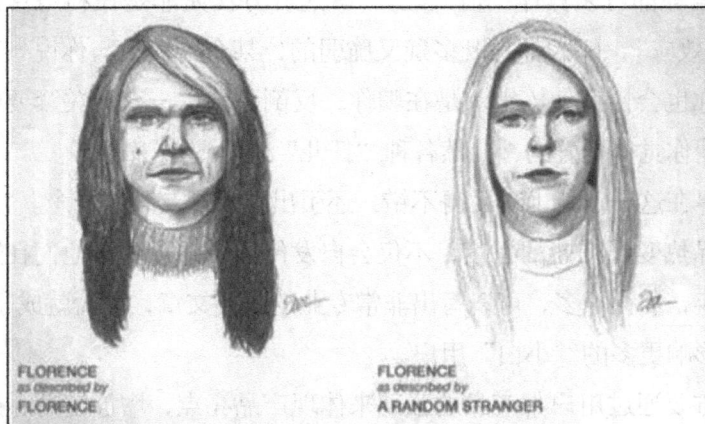

图3-9　多芬为其中一位女性画出的A、B画像

为什么会出现这样的情况呢？很大原因在于很多商家都在以"美丽"为宣传点，毕竟爱美之心人皆有之。

都说雪中送炭的朋友比锦上添花的朋友难得，多芬的文案人员又怎么会不懂呢，他们马上端出了"一碗热汤"，内容如下。

You are more beautiful than you think.

（你远比你自己想象得更美丽。）

结果可想而知，以这则文案为基础的广告片获得当年年度戛纳国际创意节钛狮全场大奖。

> **小提示**
>
> 在所有语言中，秘密一词都是自带一种迷人情绪的，可以说人们一见到这个词便会产生一种去探寻的欲望，只要氛围营造得恰到好处，是能有相当好的效果的。

3.7　借用他人之口，指出观点

以下内容的观点与本书"3.4 情景对话，引出下文"中强调的"情景对话，引出下文"手法，在一些层面上是有共同点的，毕竟在手法上都是在借他人之口，但实际上差别很大，否则又怎么会分两部分内容进行说明呢？

相比"情景对话","他人之口"所涵盖的范围就要广很多,独白、以他人口吻写的信等都可以算作"他人之口"。这种方法无非是在利用营销学所讲的"他人之口效应",即人都是既多疑又脆弱的,某个推销员与你说一千遍这个产品不错,你也会怀疑他(她)是在骗你,反倒是偶尔一个无关紧要的人说的一句话,会让你觉得挺好的,自然各种"托儿"也是这么来的。

科技界在这一点儿上玩儿得不错,还引出"发烧友"的概念。"发烧友"对喜欢的产品热爱到痴迷的程度,不仅会自发传播,并且由于他们在这一领域玩儿了很多年,懂得很多,可以写出非常专业的测评文章,渐渐就成了意见领袖,便可以去影响更多的"小白"用户。

品牌方要通过用户与产品的互动来体现产品亮点,增加情感、好感与信任度。典型的如主打"感动常在"的佳能,几乎每一次视频广告播放的都是用户如何通过佳能更优化的技术来记录生活的美好瞬间,很多情景是消费者做各种"奇怪事",如孩子爬地上用相机拍摄跑过来的爱犬,后来伪装成动物拍野牛,拍流水、喷泉,等等。佳能的广告旨在表达佳能先进的快拍定格技术,借助这些有趣味性的故事说出来,感觉还是大不一样的。

产品独白也是一种典型的"他人之口"。事实上,人们之所以会频繁受"他人之口效应"的影响,是因为人的情绪容易不稳定和受影响。某个人可能刚才还没有某种情绪或才只有一点点萌芽,看过一篇文案后,他(她)可能"瞬间心情舒畅"或"瞬间心情就不好了"。比如,在某年2月14日,当你看到图3-10所示的某品牌的情人节淘宝文案时,你敢说你的心情没有受到任何触动吗?

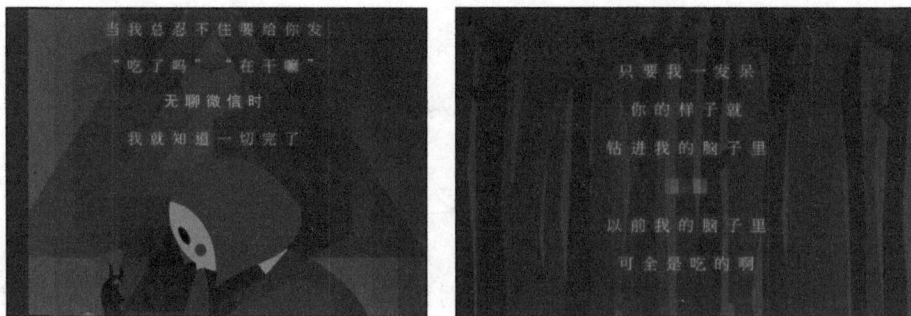

图3-10　某品牌的情人节淘宝文案

图3-10所示的某品牌的情人节营销文案,妙处在于将品牌进行拟人化营销,

将品牌在文案中化成了他人、可信赖的朋友，然后再通过故事性文字营造画面感，吸引读者的关注。

要想达到图 3-10 所示的效果，有几点需要注意，一是和前面提到的"情景对话"模式类似，要多多使用口语化表达，尽量多采用生活化词汇；二是有实例尽量写实例，没实例就想象一个"实例"出来，总之要找到并围绕与消费者个人体验有关的例子来描写；三是要写出想象中的未来。

小提示

> 借用他人之口指出观点，最大的优势还是增强观看者的代入感，让看到的人明白，自己想要像因使用某产品而获得悠闲、快乐的时光的人那样，就必须先购买该产品。

3.8　借助逻辑矛盾，突出产品效果

近几年"强迫症"这个词语在很多产品经理的带领下已经近乎完全消除了负面意义而变成一种精益求精的精神。实际上在每一个人的内心深处都多多少少有一些"强迫症情结"，对并不符合常识逻辑的事情总是记得很清楚，很多广告语正是借鉴这一点，通过故意设置的矛盾突出产品效果。

比如，在淘宝上售卖的各类减肥药品的文案中，我们经常会看到"不用节食，还你苗条身材"一类的淘宝文案。很多人刚看到这些文案时都会用常识判断这些文案在表达上是矛盾的，可是正是这种矛盾的表达方式突出了产品最大的优势，很多人正是希望自己能"不用节食，还能获得苗条身材"，即使以常识来讲这是不太可能的，但只要有一线希望，他们还是非常渴望尝试的，并且这种形式的文案也非常容易给浏览者造成深刻印象。

此外，这种矛盾对比还可以在价值观上加以体现，如果利用得好，将会取得更好的传播效果。比如，网络上一直存在关于文身、涂鸦、彩色跑等街头文化的讨论，Adidas（阿迪达斯）则专门为此推出了一组名为"这就是我"的淘宝文案，宣扬 Adidas 一直推崇的特立独行的开放精神和其主要受众的张扬个性，逐字逐句反驳一些对热爱街头文化年轻人的批评声——太粗放、太放肆、太浮夸、太幼稚、太"粉"等，形成明显的价值观冲突。这种强调价值观冲突的文

案最终为 Adidas 吸引来大批年轻支持者，其所带来的销量增长，令不知道的人还以为是 Adidas 要转型潮牌生产。

年轻人追求的特立独行一直被很多长辈们认为是离经叛道，恐怕这是如今很多年轻人与长辈们存在矛盾的地方，这令很多年轻人很压抑，而 Adidas 的这款广告正是抓住了这一点，在完成了一系列铺垫后，最终矛盾由一句反驳的话"太不巧，这就是我。"爆发，瞬间释放了积压在年轻人内心的情绪。以至于很多产生共鸣的网友直呼"一遍看不够"。

总的来说，故意设置矛盾这种手法与我们日常的写作方法有相通之处，《诗经》中便有"赋、比、兴"的手法，故意设置矛盾便是"赋"中的一种，做好铺垫，为后面刺破矛盾的"比"，以及表明产品优势效果的"兴"做铺垫。

3.9 震惊性描述，让买家吃惊

一说到震惊性描述，也许很多人会马上想起大名鼎鼎的"UC 震惊部"，作为曾经占领朋友圈、微博、自媒体的"强悍组织"，其手法确实可以吸引很多人。

除了"UC 震惊部"，淘宝上利用震惊描述让买家吃惊、关注也是一种常见的手法，如一套在淘宝上售卖的沙发垫，其文案可以写成"震惊！使生活氛围令人耳目一新，文艺与家居完美融合，舒适、透气的沙发垫。"一款显腿长的女裤，其文案可以被描写为"震惊了！这个版型我服了！有腿的裤子我们见到过，这个穿上更显腰！"不知道你只是以前全因为看到这样的淘宝商品描述而浏览呢，还是到现在你依然很想看看究竟讲的是什么事情，如果是第 2 种情况，可见你陷得很深。

题目如此令人震惊，文案开头自然也要一脉相承了，即使每种文案叙述的内容千差万别，那些足以表达震惊含义的词语还是可以统计出的，常用到的词无非以下这些笔者压箱底的存货。

居然，竟然，震撼，震惊，惊人，让人，令人，瞬间，全场，崩溃，唏嘘，没想到，笑喷了，哭晕了，惊呆了，出事了，超可怕，震惊了，笑疯了，亲爱的，尊敬的，省钱的，惊人的，曝光的，崭新的，快乐的，舒服的，下一秒，接下来，看后令人，超出想象，背后原因，恼怒不已，哑口无言，让人不解，让人意外，出人意料，大跌眼镜，不忍直视，可怕的是，惊讶不已，惊人一幕，奇迹一幕，惨不忍睹，毛骨悚然，头皮发麻，背后发凉，落荒而逃，瞬间傻眼，瞬间崩溃，匪夷所思，竖起大拇指，后来才知道，看完已惊呆，当场说不出话，倒吸一口凉气，怪事发生了，如今无人识，如今竟这般模样！

相信只要在遣词造句时不断使用这些词，恐怕想不被人认成"震惊部"的一名成员都是困难的。

小提示

震惊性描述是对准了人们内心普遍没有安全感的死穴，抓住一点，放大到令人悚然的地步，吸引一部分人的注意。但为了长远效果，内容也一定要有干货，否则不会长久发展。

CHAPTER

04

第4章
淘宝文案产品
卖点提炼步骤
||||||||||||||||||||||||||||||||||||||

　　拿破仑有一句全世界都知道的名言：不想当将军的士兵不是好士兵。套用这句话可以说，不想进销量前3名的淘宝店主便不是好店主。那么如何才能使自己的产品畅销呢？当然是产品一定要存在吸引人的卖点，否则就算文案妙笔生花，但消费者没需求往往也是白费精力。本章将着重讲解如何提炼产品卖点，并将其应用于文案及详情页的制作。

4.1 通过主关键词搜索淘宝同类产品

知己知彼百战不殆，动手前先了解对手的动态是在"江湖"上最基本的生存技能，再怎么说，至少吸取同类竞品的经验与教训可以缩短我们的学习时间。

所以我们提炼产品卖点，第一件事便是可以在淘宝上通过主关键词搜索同类产品，看看做得好的店铺有哪几家，然后再筛选日后很可能要发生正面冲突的，与自家产品款式、价格等关键因素在一个范围内的产品，按综合、销量、人气排名找出多个符合筛选标准的产品。图 4-1 所示为搜索"男休闲鞋"淘宝同类产品的流程。

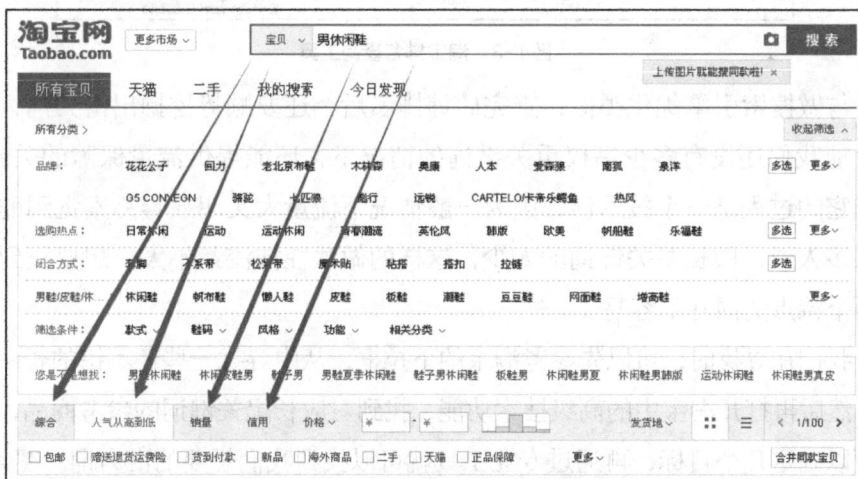

图4-1 淘宝搜索"男休闲鞋"页面

随后要进入这些选定商品的详情页面中仔细观察，如图 4-2 所示，通过主图、描述、评价、问答等重要信息和展示位置，归纳出消费者最关心的卖点到底是哪些，是设计的样子好，还是穿着舒服；是便宜就好，还是服务态度更重要。

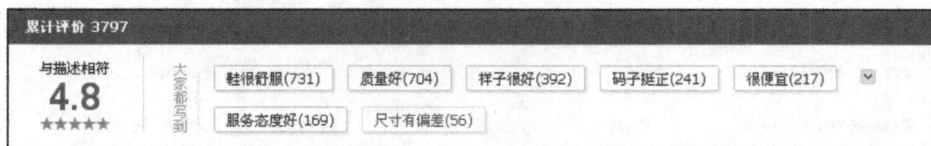

图4-2 宝贝评价

如图 4-3 所示，我们可以在淘宝平台之外利用目前比较流行的几款淘宝排名、淘宝指数查询工具，在搜索自家淘宝店铺、宝贝排名的同时，也可以了解到目前好的店铺有哪几家，然后再根据这些结果，有的放矢地寻找店铺，观摩学习，也是一个很好的方法。

图4-3　淘宝排名查询工具

与做搜索引擎优化类似，查完店铺排名后，还要顺势挖掘出潜力词，即找到目前我们还没有多少高权重关键词的情况下，还能提供流量保障的关键词。挑选它的过程是一个技术活，因为一般情况下流量大又明显容易察觉到的词会有很多人做，做长尾关键词的人少，这样的做法往往流量不大。想要找到兼顾这两个特点的词并不容易。

我们在寻找时，可以先参考淘宝的下拉框，从中寻找一些还不错的长尾关键词，然后再打开淘宝中的高级搜索功能，找到对应长尾关键词的参考商品，这时就可以确定几个目标，再通过专业工具就可以找到我们想要的潜力词。图 4-4 所示为潜力词搜寻页面，我们找到了搜索热度 70219 人次、点击率 95.87%，而在线竞争商品数只有 1417 件的潜力长尾关键词，是不是有一种捡了大便宜的感觉？

关键词	搜索人气 ⇅	搜索人数占比 ⇅	搜索热度 ⇅	点击率 ⇅	商城点击占比 ⇅	在线商品数 ⇅	直通车参考价 ⇅
背带阔腿裤套装女2017…	28,757	27.47%	70,219	95.87%	32.97%	1,417	1.58
背带套装女	13,431	7.75%	34,655	118.46%	21.11%	451,318	0.62
背带套装女2017春装新款	11,142	5.71%	28,127	92.18%	22.51%	60,441	0.74
背带套装女春装时尚韩…	8,472	3.65%	19,850	73.70%	24.02%	2,806	0.77

图4-4　潜力词搜寻页面

重要的一点是，第一步通过主关键词搜索淘宝同类产品了解市场流行趋势时，最忌讳的是自以为是，总认为自己平常也买这些东西，是消费者中的一员，所以就是了解消费者的。其实未必，当你真正用数据分析的眼光去看一看、多了解，你会发现往往消费者关心的还真不是你想象得那么简单。

4.2 分析目标人群的兴趣爱好及消费观念

一次完整的消费行为其实是卖家与买家达成"共谋"的过程，所以我们不仅要研究同类产品，还要在早期获得目标消费人群的数据画像，尽可能详细地分析目标人群的性别、年龄占比，以及兴趣爱好、消费观念等，越精准越好。

做以上工作无非是想更加清楚地了解哪些人会有意购买我们的商品，毕竟相当多领域的商品，购买人群是相对固定的，如经常搜大码女装的人基本上就是上了年纪的女士或她们的子女，人群形象比较固定。越详细的用户画像挖掘，越有利于我们随后的产品定位和卖点提炼。

我们要做的是通过淘宝大数据工具，如阿里巴巴指数免费平台，查找到目标客户群体的年龄层分布，图 4-5 和图 4-6 所示为淘宝男款休闲裤的购买者性别比例情况与年龄层分布情况。

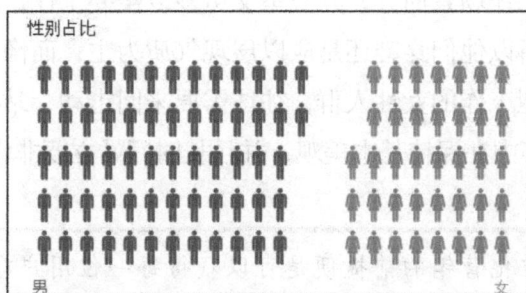

图4-5 淘宝男款休闲裤购买者性别比例情况

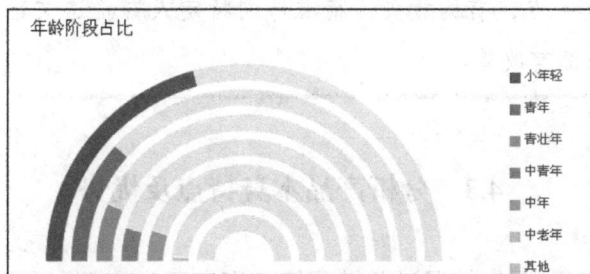

图4-6 淘宝男款休闲裤购买者年龄层分布情况

通过以上数据我们马上可以知道，购买男款休闲裤的主流人群为青年和小年轻，学生和初入社会的上班族居多，但在男款休闲裤的购买人群中，女性消费者占38%，还是比一般人想象得要高的，看来很多男士的穿着需要女性亲友来打理。

"物以类聚，人以群分"是前人留下来的箴言，绝不是没有道理的。同一代成长起来的年轻人，他们的消费理念、兴趣、关注点必然有一定的共性，说明如下。

18～22岁学生：求新、求奇、求好玩。

22～27岁普通打工族：求实、求价格实惠、求性价比最优。

27～33岁白领：求质量、求精致、求大气。

那么，当目标人群是学生时，在产品的卖点上，突出新奇会比突出品质更好，更容易受到他们的追捧。如工装女鞋，目标人群自然是华丽的上班族女士，她们的消费者水平一般处于中端，毕竟刚刚体会到赚钱不容易，购买时更倾向于简单、实惠又优质的产品，而工作性质又要求她们穿鞋应该正式、大气，不追求花哨。

即使是工装鞋、正装鞋，在不同岗位上，需求点也是略有不一致的，因职业所带来的不同工作场景而异，办公室文员多以坐姿工作，上下班之外，走动的时间并不长，所以他们穿鞋还是应以展现气质为主；而像空姐、银行大堂职员这些从事服务型工作的女性人群，往往需要来回走动、站得比较久，她们对鞋的要求则主要集中在保持基本美观，并且长时间站立要非常舒适。

小提示

互联网精准化营销的前提便是可以获得每一位用户在平台上的浏览、点击、停留、购买数据，知道他们的喜怒哀乐和兴趣爱好，在写文案时我们可以利用这一点，有的放矢，精准地向特定人群推送文案，使成本控制和获得的效果都有改善。

4.3 分析产品本身特点及优势

当我们利用本书"4.1 通过关键词搜索淘宝同类产品"和"4.2 分析目标人

群的兴趣爱好及消费观念"中的方法，对消费者及同类竞品的特点有了一定了解后，再回到产品本身，分析它的卖点。

本质上来说，所谓卖点是消费者透过使用产品所体验到的价值，没有价值便没有存在的意义。只不过产品的价值不一定体现在产品的价格上，它往往被分为使用价值和体验价值，而再往下细分，使用价值主要体现在可用性、功能性两个方面，体验价值则主要体现在情感性和内容性两个方面。

由以上内容，我们可以得出产品的四要素：可用性、功能性、情感性、内容性。寻找任何产品的卖点都是在围绕这 4 个要素。

这样说可能有些呆板，理论太大，实战太少，容易令人不解，那么我们可以将可用性、功能性、情感性、内容性展开，变成大家熟知的广告模式，正所谓"当我们在卖产品时，要弄清楚自己到底是在卖什么？"

卖概念：感觉-情感-形象-品质-名人-服务-特色-包装-文化-数字-舒服

卖知识：时间-环境-空间-健康-故事-性价比-功能-美丽-个性-买家

卖定制：方便-售后-品牌-稀缺-爱心-热点-话题-相似-心情-轻松

卖设计：专利-正能量-烦恼-生活方式-技术-活动

卖年龄：名贵大牌-梦想-情趣-无聊-地域-重量-数量

卖外形：大小-视觉-对手-互补-习惯-自己-安全-跟风-数据-理财-急需

卖口碑：人力-人情-市值-颜色-气味-声音-渠道-参与-正宗-节日-送礼

卖思维：变化-成长-品位-广告-信任-丰富-真实-信任-缺点缺陷-信息

卖角度：自然-无知-创新-交流-经验-惊喜-宽容-对比-部分-老板

卖交换：动作-赠品-浪漫-模式-会员-层次-价值-效率-工厂-智慧-直销-共享

卖结构：造型-款式-花式-规格-风格-配件-功能-复古

例如，你的产品是在很有名的产地生产，那么你的卖点可以突出地域，利用地域的知名为自己的小店争光；如果你卖毛呢外套，质量好、保暖性好是基本条件，稍微提一下就可以了，你要突出的特点应该是轻薄、有型，冬天穿出去也显得穿着者的身材很好，具体展示时可以说一件冬日大衣只有 3 个鸡蛋的重量等。

为什么"罗辑思维"的"得到"App 一天到晚都说你缺知识；为什么小米手机总说拍照"黑科技"；为什么 OPPO 的广告语由"充电 5 分钟通话两小时"变为"这一刻，拍照更清晰"，并且一旦印刷便变为"这一刻，更清晰"，这些都不是没有原因的。

当我们在分析产品自身特点时，可以拿出一张纸，将自己能想到的所有特点和优势都写下来，然后再参照前面的总结，找亮点、卖点。如一双皮鞋，特点有很多，一线品牌、真皮、纯手工缝制、透气好、无气味、轻便、防滑、软底……将这些都写下来后，可以从结构、造型、款式、风格、颜色、品质这些特点去找卖点。

图 4-7 所示的某商务男鞋的淘宝文案，透气、舒适不是它的功能吗？是的，但只是基本功能，尚不是卖点。一款有"镇场气质"，令人有自信、不怯场的好鞋，对常需要面对生意场上的挑战的商务人士而言，是最有吸引力的。

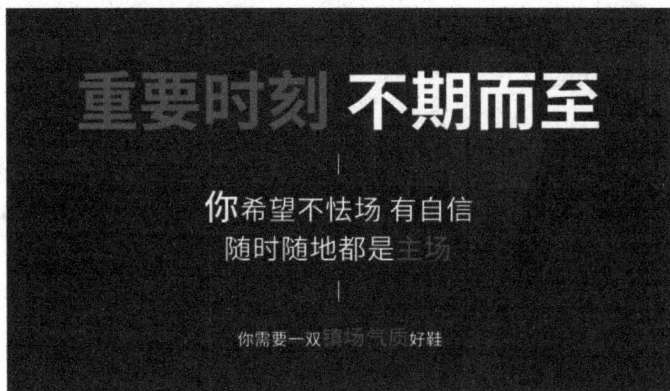

重要时刻 不期而至

你希望不怯场 有自信
随时随地都是主场

你需要一双镇场气质好鞋

图4-7　某商务男鞋的淘宝文案

4.4　找出与竞争对手的差异化卖点

作为创新精神源泉的差异化竞争理论，是由"竞争战略之父"迈克尔·波特（Michael E. Perter）在他年轻时提出的，随即风靡整个世界，成为包含美国哈佛商学院在内的几乎所有商学院的必修课之一。中国也有很多这样的理论，如猎豹 CEO 傅盛经常在演讲中提到的"紫牛理论"：一大群黄牛中间，如果某只牛和其他牛的颜色都一样，不显眼，别人是很难注意到的，但如果这只牛是紫色的，别人想不注意到它都有点儿难。

与竞争对手差异化的 3 个原则如图 4-8 所示。原则一：消费者最关心的。

做生意不能一厢情愿，要双方都高兴，无论生产者、制造者、售卖者认为产品有多少个亮点，如果消费者不感兴趣、不关注，消费者购买后没有实际帮助，都是无济于事的。如补钙产品，只要安全无毒，消费者对厂家怎样提炼出钙元素并制成产品的过程不会过分关心，他们更在乎服用产品后的吸收效果，因为如果吸收效果不好，服用后没起作用，等于白花钱，这才是他们最担心的。

图4-8 与竞争对手差异化的3个原则

原则二：产品自身具有卖点。

以消费者关心的痛点做营销是对的，但这一点必须在产品自身上有实实在在的落脚点，万不可弄虚作假欺骗消费者。还是以钙产品为例，既然消费者最关心服用后的吸收效果，那么以此为卖点，势必要列举能证明产品高吸收率的有力论据，如分解后是分解成小到微米的钙分子，等等。

原则三：与竞争对手差异化。

竞争是市场经济的常态，想做到一家独大几乎是不可能的，但你可以避免与竞争对手正面冲突，寻找与竞争对手（尤其是强大的竞争对手）的差异化卖点来在红海市场中寻找、开辟蓝海市场。

心理学中有一个著名的效应叫"先入为主"，应用到市场竞争中便是，你只要先于竞争对手提出同样的卖点，即使自身尚弱小，同样可以先于竞争对手完成市场占位，率先在消费者心中留下烙印，当竞争对手反应过来时再想从这一点赶超你，是很难的。

例如，当年乐百氏在同质化严重的饮用水市场中脱颖而出，便是利用与竞争对手差异化卖点，提出"27层净化"的概念，在质量纷繁不一的饮用水市场中为消费者留下"值得信赖的纯净水"的深刻印象，这个营销概念的转化，使乐百氏大举开拓市场。

可是如今我们仔细想一想，真的有人去探究乐百氏有没有实现 27 层净化吗？恐怕几乎没有，就算是有，也找不到更多的资料。乐百氏这句广告语的唯一作用就是为乐百氏寻找到了差异化卖点，使其受到消费者青睐。此后，农夫山泉很快受到启发，卖点也从纯净水变成了天然水。

如今服装业在淘宝上可谓是在一片红海市场中搏杀，但为了吸引消费者，各大销量领先的淘宝服装店无不是准确找到了自己的店铺定位。比如，主打韩流服饰的韩都衣舍，主打文艺范的步履不停，主打网红张大奕同款的个人店，主打高时尚度、高客单价的 LIN，主打复古风的大喜自制，等等。只有找到属于自己的独特卖点才能最终在市场上站稳脚跟。

小提示

即使是同一种功效，也一定要找到自家商品与他人不一样的点，这将成为消费者对于你的商品形成认知的关键。毕竟，想要消费者购买你的商品，前提是你的品牌已经在消费者的脑海里留下印象，否则消费者都不知道你的商品、想不起来你的商品，又怎么会购买你的商品呢？

4.5　筛选符合目标消费人群的需求、爱好和心理卖点

如今，大数据已经得到了广泛应用，除了本章前面提到的手段，我们还可以通过大数据工具来挖掘目标消费人群及高频购买者的爱好、心理卖点等。

在前 3 章中我们反复提到，在文案表达过程中要注重场景化的渲染，对目标消费人群的兴趣爱好的分析正好派上用场。文案不是一段干巴巴的文字，而要场景化、有情感，说出目标消费人群喜欢的故事，但选取什么样的角度来讲故事，确实是一件挺难的事情。

现在我们已经知道了目标消费人群的需求、爱好和心理卖点，图 4-9 所示为淘宝男款休闲裤消费人群的爱好情况，游戏、运动和音乐是他们的最爱，在写文案时，完全可以从这 3 个方面出发来营造场景，以影响消费者。

再比如，研究消费者的心理卖点，虽然婴儿吃奶粉，但付钱的是他们的父母等人，而且他们甚至连自己喝了后尝到的是什么味道都表达不出来，这就给了那些奶粉制造商们"可乘之机"，虽然商家都说自己的产品含有 DHA、ARA，但宝宝说不出来，妈妈们察觉不到，能察觉的只是不危害健康。

如现在非常畅销的几款婴幼儿奶粉，营销点就卡在这几点上。如图 4-10 所示主打产地牌，说自己是由新西兰奶源地直接灌装生产，别说奶牛没有吃过药，连草场上的牧草都没有打过农药，"健康奶源，让爱更纯净"，这样的描述，让妈妈们在心理上很有安全感。

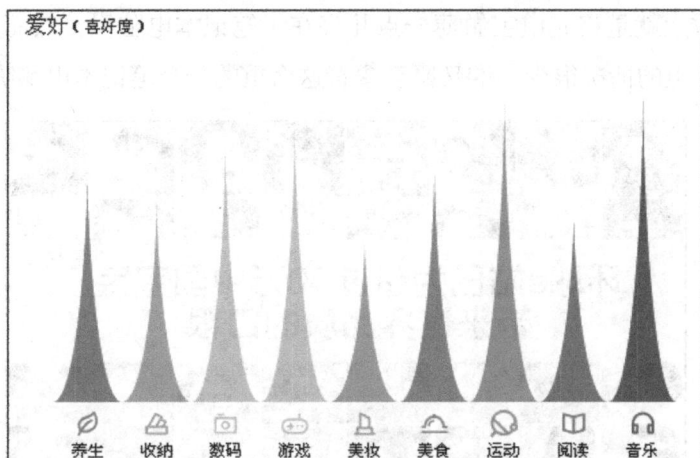

图4-9　淘宝男款休闲裤消费人群的爱好情况

图4-10　爱他美奶粉的淘宝文案

　　同样还是爱他美，深知哺乳期的女性看哪个孩子都像是自己的，都有亲切感，所以就有了图 4-11 所示的淘宝文案，说自己"已为超过 50 万中国宝宝带来世界品质的口粮"，在用数据来证明自己的实力，给买家带来安全感，同时那些笑容甜美的孩子的照片也是很重要的影响因素。

　　在洞悉消费人群需求层面，功能性满足是非常重要的。为什么瑞士军刀那么受欢迎，除了制作精良、耐用，就是消费者拥有一把瑞士军刀可以解决生活中多个问题，满足多个痛点。

　　同样，当我们的产品有类似的功能时，也肯定是一大卖点，不过这项功能一定要是消费者确实需要的功能。比如，笔者见过一个具有充电功能的笔记本电脑，大致上就是将充电宝做薄一点儿夹在了笔记本电脑里，然而用笔记本电脑时手机没电的情况很少，谁又愿意拿着这么重的一个笔记本电脑呢？

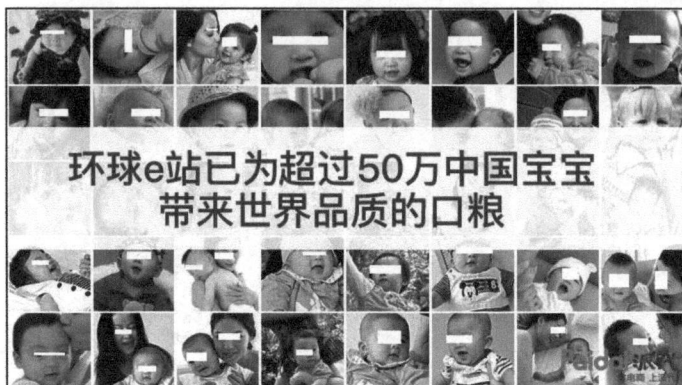

图4-11　爱他美奶粉的淘宝文案

可以换一个角度，图4-12所示的某品牌露营灯的淘宝文案，去野外宿营经常使用到的露营灯不仅可以实现太阳能充电，还具备充电宝功能，这就是一个很大的亮点，因为去野外的人总是会担心带来的备用电源不够用。

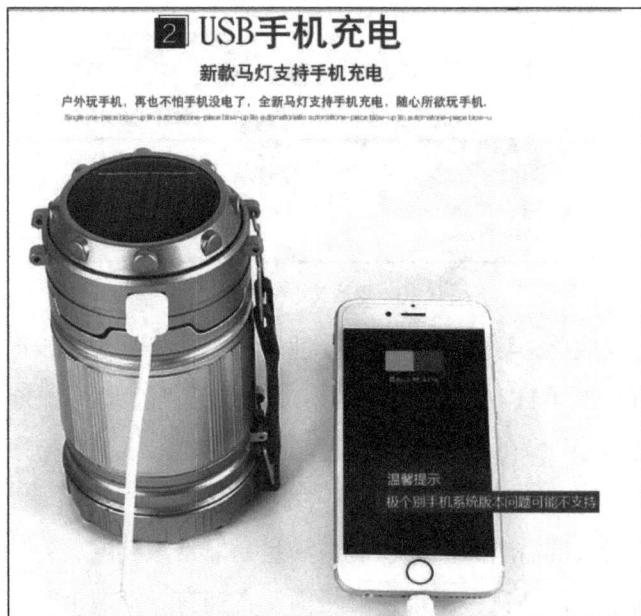

图4-12　某品牌露营灯的淘宝文案

当然，只靠数据筛选是远远不够的，还要时不时和消费者进行一对一交流，总结、提炼出他们希望产品能具有什么样的功能，以及能给他们解决什么样的痛点，然后再多参考同行的详情页，多看淘宝星级商家中消费者的评价，尤其是中差评，找到消费不满意的那些方面，别人解决不了的你来解决，对转化销量肯定有帮助。

4.6　确定采取直接 / 间接方式表达卖点

通过本章前面的探索，终于可以确定产品卖点，进入实施阶段，然后要确认的便是采取什么样的方式，如直接或间接的方法，将卖点表达出来，这是需要智慧的。

直接表达卖点很简单，塑造用户痛点，并利用产品特性对用户进行有效满足，解决他们的问题；间接方法则有意思一些，剑走偏锋，下闲棋，烧冷灶。

如一个保温饭盒，如果你直接说它的卖点，如"保温效果好""饭菜放在里面不容易变凉"等，那么不如通过激起人们带饭的欲望，从而激发人们对这款饭盒的购买欲，如图 4-13 所示。

图4-13　某品牌保温饭盒的文案

同时使用这种间接表达方式，还要注意利用本章前面所展示的方法，即使同一款产品，针对不同属性的人，所要强调的功能特点也要不同，以达到能说到每一位消费者的心坎里的效果。

例如，同样是卖鞋，如果是卖给追求时尚的漂亮年轻女人，肯定要写"亮出你的性感，里外全真皮""新款""优雅"等，这是给她们去约会或参加商务活动穿的；而如果是卖给有长时间站立工作需要的职业女性，时尚可就不是她们刻意追求的了，长时间工作，早已出现审美疲劳，此时的卖点是"久站不累脚""站着工作不脚痛"，如图 4-14 所示；如果是卖给跳广场舞的大妈们，差异化卖点就是"舒适""防滑""轻便""广场舞鞋"。

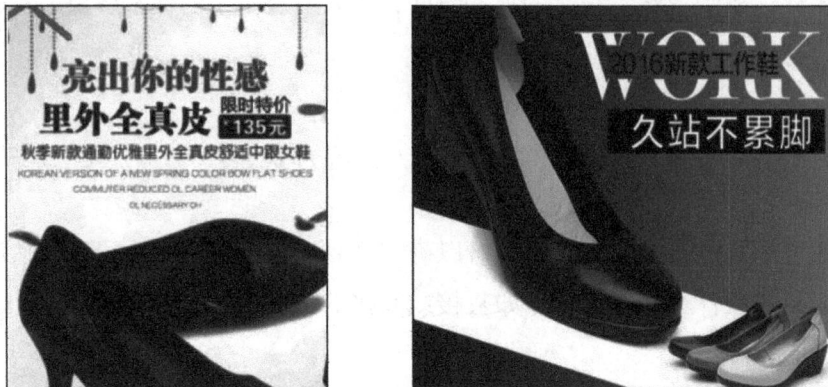

图4-14　女鞋的两种不同卖点

那么如果是强调一款男鞋具有很好的透气性又应该如何形容呢？如果只写"透气性好"4个字，恐怕连你自己都觉得低端，不好意思拿给主管看。而图4-15所示的男鞋的文案，直接将一款帆布休闲鞋定义为一款"穿了会上瘾的驾车鞋"，那么会令人感觉读这个句子时脚底都在冒凉风。

间接方式表达产品卖点还有一个重要组成部分——买家秀。卖家自己说千句好话，有时也顶不上消费者说一句好话管用，口碑是非常重要的，同时也可以通过买家秀简洁地表达出更多的产品卖点。实际操作时可以精心挑选一些不错的优秀客户作为例子进行介绍，让更多的消费者看到，影响消费者产生购买冲动。

图4-15　某男鞋的淘宝文案

间接表达卖点，当然不能忘了超值赠品这一项。以我们自身的购物经验便可以判断出，当两件同质化的产品，从价格到质量都相差无几时，如果你突然发现在一家店铺购买产品的同时还会送一套价值××元的赠品，而另一家店铺什么赠品都没有,你会选择哪一家? 我想,你心里已经很清楚了。

不过话说回来,收藏有礼、加购有礼这种方式也不是第一天出现了,绝大多数卖家都尝试过,但多数人在文案上却没有动心思,没有打动消费者。或许一些数字可以帮助卖家,如"7 天蜕变""3 分钟按摩"等,通过数字刺激可以更有效地形成记忆。

> **小提示**
>
> 间接表达有着别样的含蓄之美,而且往往在其中还有一番俏皮的乐趣,是一种非常好的表达方式,这对于直来直去又略显枯燥的文案无疑是一种补充。

4.7 利用主图、标题、描述、评价突出卖点

既然通过本章前面内容中的 6 个步骤已经将产品的卖点及适用的表达方式提炼出来,那么后面的步骤则必然是将这些素材广泛应用到文案、主图、标题、描述、评价等一切可以突出产品卖点、吸引消费者、促使其购买的环节中。这也是提高交易转化率很重要的一步。

前面提到那么多要素,如主图、标题、描述、评价等,其实归纳起来也就是要做美、做精、做好宝贝详情页。详情页的重要性想必已经不需要多说,只要仔细回想一下自己的网购经历便可以了解,当你能看看某个商品的详情页时,已经对这个商品有三分的购买意向,这时你需要的是详情页从各个角度"给你一个完美的解释",促使你下单。

主图"高大上"、制作精良是基本条件,消费者被题目吸引而打开详情页,先用两张主图强化印象,是常规手段。

当然,在主图制作上,不少淘宝商家有一个误区——特意追求"高大上",美工水平不错,图片也确实修得很好,但就是忘了本章前面内容中提到的应该完成的工作,没有将文案与提炼出的卖点相结合,这岂不是事倍功半、白白浪费工夫。

正确的方式可以参考图 4-16 所示的某品牌滑板的淘宝详情页主图,这款产品不仅是性能好的、很专业的加厚竞速长板,同时还是为初学者量身定制的灵活稳定版,很适合情侣一起去广场上玩耍,收获众人羡慕的目光。

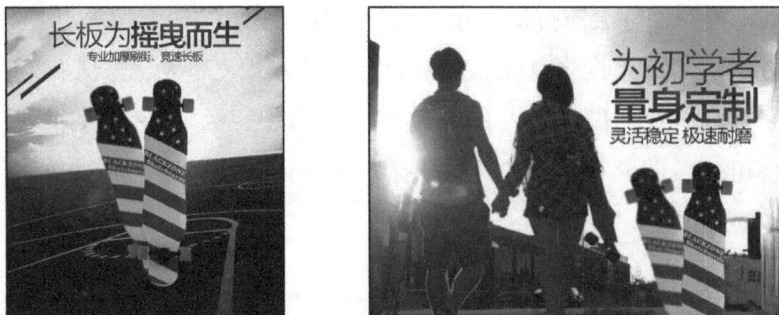

图4-16 某品牌滑板的淘宝详情页主图

主图后面的内容是产品详情，理论上讲，只要不是过于特殊的商品，详情展示流程基本一致，无非就是核心优势、材质、同类竞品对比、质量、售后服务、买家评价这几个部分，这就像文章中的每个字，每个人都可以换流程从新华字典中找到。所以，做任何事的流程一样不要紧，重要的是在于怎样利用这些流程达到更好的用户体验。

还是以滑板为例，利用两张"高大上"的主图后，自然要从消费者关心的角度（如是否坚固、耐用，是否会产生噪声，踏板质感如何，等等）加以展示，如图4-17所示。

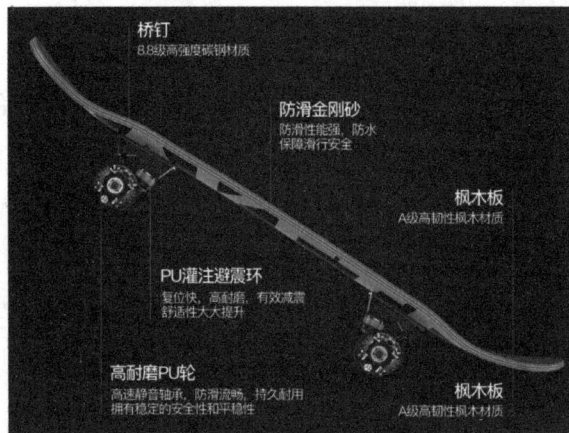

图4-17 核心优势展示部分

统一展示核心优势后，还要对每一个点详细分析，类似专业测评，显得很有专业水准，可以进一步展示产品的优秀性能，图4-18中对滑板踏板进行了详细介绍："A级7层枫木板，抗压、耐撞，更安全"，副标题"优质枫木板，侧面圆润、精细，条纹规则、清晰"，说明产品既好看又结实、安全，拿得出手，对消费者很有吸引力。同时，文案人员明确注意到，相比"漂亮"，"安全"是这款产品一个重要的卖点。

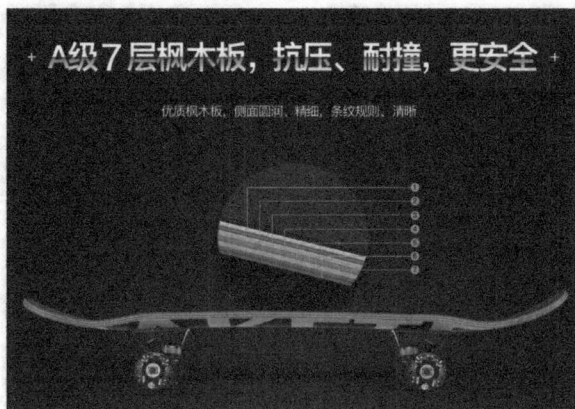

图4-18　对产品的优势进行详细分析

展示前面提到的这些"花里胡哨"的特点后，最好再列出一个图 4-19 所示的具有总结性质的产品规格清单（在专业人士面前不露怯，使"小白"用户觉得很专业、强大）。

货号	M1308	品牌	Maketec
板面	8.0"A级/AAA级7层板面	砂纸	高密度金刚防水砂
支架	5.0"铝合金抛光支架	轮子	95A高弹PU灌注轮
轴承	MARKTOP ABEC-7PRO轴承	垫片	95A高弹上下PU避震
桥垫	1/8"PU减震桥垫	桥钉	WORLDINDUSTRIES碳钢桥钉
螺母	全套英制螺栓螺母	承重	约180kg

图4-19　产品规格清单

卖家不能"王婆卖瓜，自卖自夸。"消费者的接受度是呈抛物线式的，不说不行，说太多也不行，要把握分寸，夸够了自己的产品后，还可以从市场调研、不点名评判一下竞争对手的角度出发，打消消费者的疑虑。

典型的方法便是进行产品对比，如图 4-20 所示，从消费者担心自己碰到假冒伪劣产品的角度出发，根据他们心存疑虑的想法做优劣对比，让客户相信你的产品是最好的。

评分与买家评价同样重要，尤其在移动端，消费者在淘宝中看评分和买家评价比看产品详情更加方便，如图 4-21 所示。

除了以上内容，产品的包装（运输途中的保护）、售后服务、生活场景中细节展示也都是详情页中要展示的重点。总之，想要做出一个好的产品，需要将每一个点都做好。

图4-20　产品对比

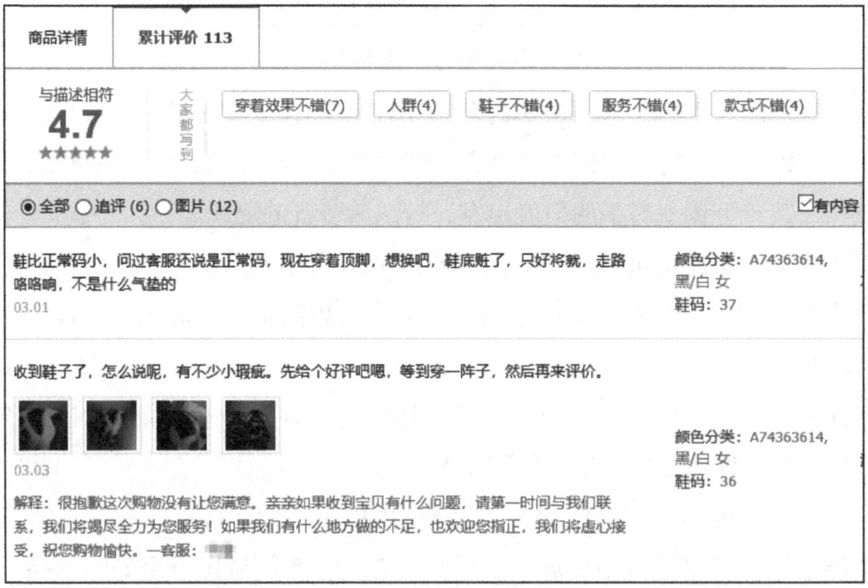

图4-21　买家评价部分

CHAPTER

05

第 5 章

淘宝文案色彩搭配技巧

通过前 4 章的内容，我们已经完成从产品卖点发掘到文案展示内容界定的一系列流程，后面要确定的是淘宝文案的色彩搭配方案，以此衬托文案，让消费者眼前一亮。就像一个内秀的小伙子，也要追求外在美，如果没有外在美的吸引，别人也比较难愿意了解他的内在美。

5.1　配色黄金比例：70% 主色 +25% 辅助色 +5% 点缀色

如今各种与商业有关的会议都会提到"消费升级"的概念，都说现在人们在购买商品时对价格的在意程度明显降低，而更加注重设计、质量，哪怕是看文案，也要看那些配色极好的。

现在设计已经成为一门显学，很多人投身其中，不断涌现出各种理论，如已经被从业人员视为法则的配色黄金比例：70% 主色 +25% 辅助色 +5% 点缀色，便是其中一个典型的例子。

展开来讲，图 5-1 所示的淘宝文案配色黄金比例原则主张同一个画面中的色彩不超过 3 种色相，并且页面 70% 大面积使用主色，25% 使用辅助色，余下的 5% 使用点缀色。

图5-1　淘宝文案配色黄金比例

人们总是在解决一个问题的同时引来更多的问题，仅仅知道文案配色黄金比例原则并不能达到出色的效果，更多问题产生了：如何选取主色？哪两种颜色与选取的主色搭配符合配色黄金比例时可以达到最好的效果？

要解决以上这两个问题，需要依靠色彩搭配学的理论基础。本质上来说，所谓色彩搭配即通过不同色相相互呼应、调和，展现色彩魅力的一个过程。色相之间的相互关系取决于它们在图 5-2 所示的 12 色相环中的位置，距离越近对比越弱，反之对比越强烈。

但是，以文案老手们的实践经验来看，一般情况只需要记住"红橙黄绿蓝紫"这 6 种基础色相的位置就可以了，比彩虹还少一种颜色，记下来应该没什么难度。至于对比度，按照顺序，距离越远，对比度越高。

以下为常见的几种色彩配色方式。

1. 同色相配色

同色相配色是指主色和辅色都为同一色相，至多通过颜色的深浅来区分信息的重要程度，引导读者阅读。

图5-2　12色相环

2. 相邻色配色

这种配色方法比较常见，在丰富色彩的同时，没有太强烈的违和感，相关内容将在本书"5.4 相邻色搭配，制造温馨感"中详尽讲解。

3. 类似色配色

顾名思义，这是色号相近颜色之间的配比，自然对比感不强，给人平静、祥和的感觉。

4. 中差色配色

选取色环中相差 90° 的两种颜色进行配比的方式，由于相差较大，故而色彩对比明快、饱和度高。

5. 对比色配色

色环中相差 120° ～ 180° 的颜色，其对比相比中差色更加强烈，具有明显带动页面气氛的效果，还可使观看者产生强烈的感受。

5.2　颜色种类越少越好

虽然我们并不提倡一定使用纯色，但颜色用得越少越好，这一点还是需要大家注意的。尤其是刚开始学习或刚进入设计工作的年轻人，他们总是在初始设计时喜欢用多种颜色搭配来营造一种自己认为"高大上"的明亮感，但往往还没有设计到一半，自己都嫌太乱又推倒重来。大家要吸取前人失败的教训，避免重蹈覆辙。

画面调用颜色越少越简洁，作品就会显得越成熟，这是长久以来的流行趋势，对设计人员自身而言，也更容易控制画面。

设计界利用最少的颜色博得很高声誉的典型例子当属无印良品，设计师原研哉在全世界设计界享有很高声望，在中国自然有无数粉丝，连雷军推出小米线下店"小米之家"时也号召员工们将该店做成"科技界的无印良品"，可见原研哉在设计上是有过人之处的。

图5-3所示是无印良品夏日床上三件套的淘宝文案，在文案中延续了无印良品一贯注重的淳朴、简洁风格，没有一点儿花哨的颜色或文字，即使只3种颜色，但由于色彩选择得好、搭配实在精彩，令文案瞬间击中人心。如果给文案加入其他的颜色，反倒会令人觉得有些不舒服。

图5-3　无印良品夏日床上三件套的淘宝文案

说到这里，我们就引出需要强调的一点；颜色种类越少越好。但一定要注意每一种颜色所代表的引申含义，在设计师眼中，它们不仅是颜色。

当设计师原研哉被问到为什么仅使用一种白色就能创造出那么多令人心潮澎湃的设计时，他做了以下讲述。"诸如一只打破的鸡蛋蛋黄之澄澄金黄，或是一盏茶杯中满盈的茶水，都不只是颜色。它们其实是在一种更深的层次上，带着其物质本性中所固有的属性，如质感、味道等一起被感受到。人们是通过这些元素的组合看到颜色的。人们对颜色的理解不仅是通过视觉感官，更是通过所有感官。只要颜色的系统还只是建立在物体的物理、视觉性质上，就始终无法传达我们的全部反应。"

其实原研哉想要表达的是，每一种颜色除了视觉属性，在人类长期进化过程中还形成了社会属性，当人们在看到每一种颜色时都会在潜意识中联想到它所代表的精神含义，设计时利用到这一点是非常重要的。

粗略统计，一般文案中常见颜色所代表的意义如下。

黑色：象征着神秘、黑暗、魔幻、高雅、稳重，给人一种正直、无私、刚正不阿的印象。

巧克力色：久盛不衰的流行时尚色彩，同时也是一种比较含蓄的颜色，代表优雅、朴素、庄重。

玫瑰红：象征着典雅和明快，包含着生命的能量又不失含蓄的美感。

天使白：一种能包含光谱中所有颜色光的颜色，象征明亮、干净、畅快、贞洁。

公主粉：代表甜美、温柔、纯真。

白金色：白色与金色搭配，象征高贵、光荣、华贵、辉煌。

印度红：也就是鲜红，代表喜庆、热烈、奔放、激情、斗志、革命。

茶色：比栗色稍红，是一种棕橙色至浅棕色，象征诚实、稳重、讲究、沉静、洗练。

高贵紫：富贵色，与幸运和富贵相关联。

柠檬黄："小清新"颜色，让人舒心，淡而有味。

宝蓝色：取自蓝宝石的颜色与寓意，象征优雅、纯洁的美与浪漫、真挚的幸福。

橘红色：通常用于表达吉祥如意、富贵安康。

利用以上这些引申含义，日后我们在参与设计时选择颜色便不再是一件非常困难的事情，如3C和家电，非常适合选同一色相的黄色、橙色；男性消费品，可以优先选择有差异的黑白灰3种颜色；奢华品和女鞋消费品，金色和宝蓝色被引用的概率最高；童装则适合选用高明亮色。

总之，颜色使用越少越好，越简洁的画面越显得作品成熟；在设计时颜色越少，整个画面的控制感就越好。

> **小提示**
>
> 本章前面的内容主要讲解如何选取颜色，这不是啰唆，而是恰恰说明第一步选择是最重要的，如果这些基础没有打好，后面其他的步骤都白费。

5.3　节日类海报画面多些颜色可以突出热闹感

凡事都有例外，即使文案配色也是如此，前面刚刚强调文案应该"颜色种类越少越好"，马上就要讲到特殊情况——节日类海报画面多些颜色可以突出热闹感。

中国人很喜欢过节，而且一到节日就会兴奋，文案的色彩需要浓烈、高调，否则无法表现节日的热闹感。所以一些品牌在春节或圣诞节推出的文案，配色都相当"跳"，"红配绿"这样的撞色都是很平常的搭配，能最大限度活跃气氛，哪种颜色让人看了觉得开心、高兴就用哪种颜色，过节重要的是大家开心。

那么哪种颜色是符合这种标准的呢？图 5-4 所示的配色方案，撞色强烈，能在视觉上给人以冲击感。

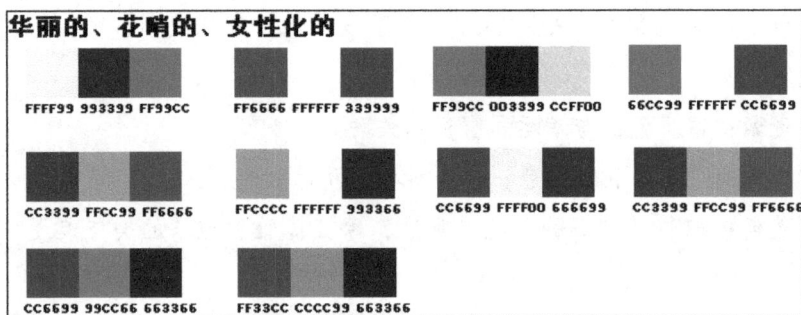

华丽的、花哨的、女性化的

FFFF99 993399 FF99CC	FF6666 FFFFFF 339999	FF99CC 003399 CCFF00	66CC99 FFFFFF CC6699
CC3399 FFCC99 FF6666	FFCCCC FFFFFF 993366	CC6699 FFFF00 666699	CC3399 FFCC99 FF6666
CC6699 99CC66 663366	FF33CC CCCC99 663366		

图5-4　适合节日庆祝的海报配色方案

有意思的是，以上所说的节日不仅仅是指春节、元宵节、端午节这些传统节日，还有圣诞节、感恩节等国外节日，以及"双十一全球购物狂欢节""618年中庆""天猫超级品牌日"等越来越多的"人造节日"。

如今，很多有网购习惯的年轻人过节时有欣喜感，那么节日类海报的画面必然要多一些颜色，以突出热闹感。

例如，图 5-5 所示的天猫超级品牌日的宣传文案，颜色搭配就十分热闹，黑、白、蓝、黄、红、灰，恨不能将平常我们能看到的颜色都罗列出来，热闹非凡，很有过节的气氛。不过文案并不是直接表述过节的人欢快的、喜悦的心情，而是过节时我们的另一种心态——反思过去、憧憬未来，"让我心痛的人，总有一天我会潇洒地头也不回，离开你"，展现潇洒的一面，而且重要的是这则文案是卖酒的，表示情景设计中的人需要"借酒浇愁"，显示豪迈。

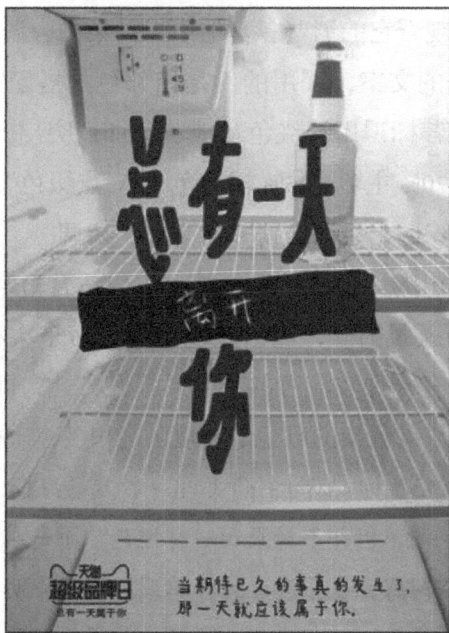

图5-5 天猫超级品牌日的宣传文案

无论使用多么热闹的颜色，颜色越多越要严格按照配色比例来配色，否则画面将变得非常混乱，难以控制，节日的喜庆气氛就没有了，只会令人尴尬。

5.4 相邻色搭配制造柔和感温馨感

在图 5-6 所示的 12 色相环中，相邻的（相差 90° 以内）色相称为相邻色，按照红橙黄绿蓝紫的顺序，相邻色的搭配可以为"红＋橙""橙＋黄""黄＋绿""绿＋蓝"等，以此类推，是一个可推导的闭环。

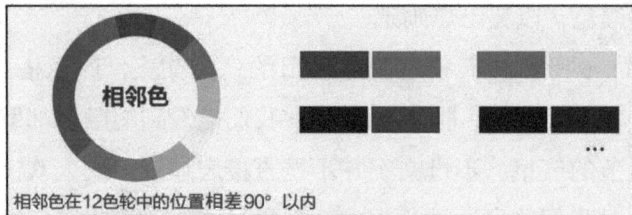

图5-6　相邻色示意图

使用相邻色进行配色的好处是，由于相邻色的色相距离较近，使两个相邻色间有很强的关联性，观感上十分协调柔和，组成画面时也会非常和谐、统一，冲击力较弱，可以给观看它的消费者营造出一种柔和、温馨的感觉。

某品牌夏季裙子的文案，采用的便是相邻色的搭配方式，以淡绿色为主，页面右上角的热卖推荐标识用淡红色及淡黄色加以突出，采用 3 个彼此相邻的色相，同时遵守了"70% 主色 +25% 辅助色 +5% 点缀色"的配色黄金比例，使整个画面"小清新"味道十足，显得非常柔和、协调。

相邻色搭配制造出的柔和感、温馨感，比较适合日常家居用品、"小清新"服装、棉织品、中国风服饰等，能给人以宁静，带来柔和、传统氛围的产品。在相邻色搭配中，还有一种较流行的单色系搭配方式，即只采用同一色相的颜色，在文案中通过调整该色相的颜色的明度 / 饱和度，来得到另外一种颜色。

苏宁大家电曾在2015年的"双十一"推出一款专场海报，采用的是"红+橙"的搭配方法。橙色为主色调，但并不局限于一种橙色，而是在背景中通过添加不同橙色的方法，增加画面空间感，也不至于过分单调。海报中明星惊讶的表情，配合背景倾斜的线条与漂浮的产品、几何方块的点缀，使得平面展示也具有不稳定感，画面变得年轻、活泼、富有冲击力，突出苏宁主打轻快、年轻化的目标，由此可见，品牌文案最终能呈现出什么格调，与文案中每个组成部分都有密切的关系。

总之，作为一种比较常见的配色方法，相邻色配色法在搭配上比我们前面提到过的同色系配色法稍微丰富一些，色相柔和，过渡看起来也比较和谐。

小提示

大家在高中学过排列组合计算概率，既然相邻的两个色相可以搭配这么好看的色彩，那么相隔的两个色相或色相环中相对的两个色相呢？是不是可以变化出更有趣的色彩搭配？回答是肯定的。本章后面的内容会讲述间隔色与互补色在搭配上所能产生的奇妙反应。

5.5　间隔色搭配制造明快的、活泼的、强烈的对比感

与相邻色搭配的定义方法相近，如图 5-7 所示，当我们在 12 色相环中隔一个颜色取一个颜色（相差 120°，变成"红＋黄""橙＋绿""黄＋蓝""绿＋紫""蓝＋红"等组合）时，由于这种搭配方式在中间隔了一个颜色，所以称为"间隔色搭配法"。

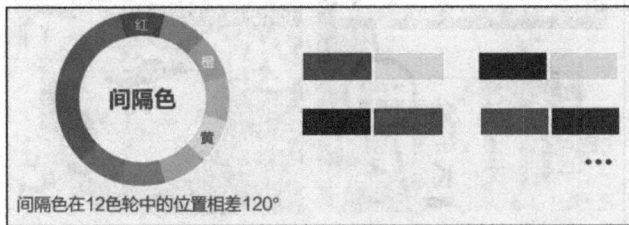

图5-7　间隔色搭配示意图

从以上的定义和取法中我们可以了解到，相比相邻色，间隔色两个色相之间在色轮上相隔更远一些，因此造成的视觉冲击力远远强于相邻色，在有意表达突出、对比色彩的文案中有广泛的应用。

此外，间隔色搭配的优势还在于，它既没有像相差 180° 的互补色那样具有强烈冲击力所带来的刺激性，同时又比相邻色在表达活泼、轻松明快、对比鲜明的色彩感觉方面有明显的优势，特别是红、黄、蓝三原色之间的相互搭配十分流行，曾生成不少经典文案。

以苏宁家电狂欢节的促销文案为例，穿上蓝色西服的品牌代言人，文案风格采用色相对比很明显的蓝黄搭配，同时加入些许白色作为调和，以及背景中的不同几何图形、跳动的笔记本电脑，使整个文案的画面显得十分清新、明快、时尚。同时，蓝色作为一种具有高科技感的色调，与黄色、白色搭配用于科技产品促销是再合适不过的。

再比如，图 5-8 所示的两款产品的文案，它们在色彩搭配上，连背景都不是单一颜色，而是用间隔色左右分开，并且所用颜色都调了非常高的明度，给人很强烈的刺激感，使画面摆脱单调、增加空间感，凸显活泼、时尚的感觉。

红蓝搭配同样是经典的，很多国家的国旗都采用这两种颜色，已经有力说明这个组合的经典程度。理论上讲，红蓝搭配之所以应用广泛，受大家的喜爱，

主要是因为这两种颜色是典型的冷暖色调相结合，会生产强烈的对比性，会给观者留下很深刻的印象。

正因为如此，很多知名企业、品牌的 Logo 也是采用红蓝搭配，如百度的 Logo、百事可乐的 Logo，很多动漫人物的服饰，如超人、蜘蛛侠等穿的也是由红蓝两个颜色搭配的服装。

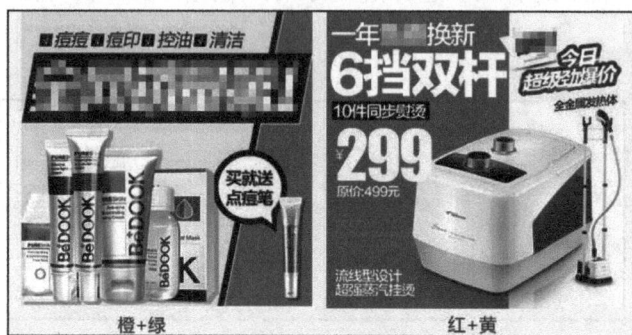

图5-8　问隔色搭配产品的文案

不过也正是由于红蓝两种颜色的强烈对比，持续时间一长便会给人造成视觉疲劳和心理亢进的负作用，所以它必须适用于能调动起这两种心理暗示的产品，不适合摆件、家居等静物商品。同时，为了使观者不产生这两种感受，我们在使用红蓝搭配时，经常会加入白色作为调和色。

在设计行业中，白色和黑色历来被当成万能的调和色，在色彩浓烈对比的间隔搭配中，常常就需要这两种颜色来加以调和，使画面色彩不至于太浓烈，对比"盛气凌人"的感觉。

除了加入调和色，本章前面强调的配色黄金比例原则在这里依然适用，作为对立的两种颜色就不能使色彩过于均衡，要控制好比例，形成主次关系，或有意降低其中一种颜色的明度/饱和度，产生一种明暗对比的效果。

要注意的是，冷色调往往在画面中趋于后退，暖色则反之，也就是说暖色调更容易进入人们的视线，所以我们在文案中要多利用暖色调展示画面中的重点信息，而冷色调所占的层级就不言而喻了。

5.6　互补色搭配制造强烈视觉冲击力

讲解色轮中相差 90°以内的相邻色与相差 120°的间隔色，自然要讲解相差 180° 的互补色，如图 5-9 所示。色轮是圆形的，180° 是两种颜色在色轮中所能相差的极限，即这两种颜色在搭配中是对比最为强烈的颜色，如红配绿、橙配蓝、黄配紫等，想象一下便能体会到它们带来的色彩冲击感。

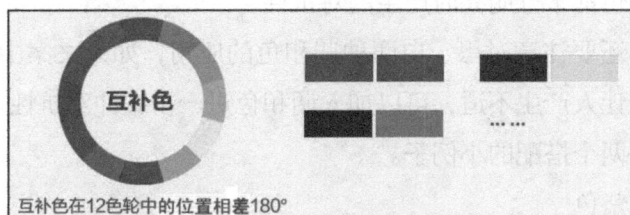

图5-9　互补色搭配示意图

对比感强烈的互补色搭配，在强化视觉冲击的同时，往往还可以为观者营造一种充满力量、气势与活力的氛围，使人感觉生动、刺激、强烈、炫目，感染力强。如果搭配得好也容易给人现代、时尚之感，如图 5-10 所示；反之，如果搭配不尽如人意，也容易产生不含蓄、不协调、不雅致、不安定的感觉。

图5-10　使用互补色搭配法的文案

说到这里，我们要强调一句老话：运用之妙，存乎一心。没有一种方法是绝对好或坏的。善于利用互补色搭配的人，往往会注重以下 3 个方面在细节上的控制。

1. 选好颜色的同时，务必控制画面色彩比例，遵从配色黄金比例原则，毕竟是两种在视觉上非常有冲击感的颜色，所以主色调要占文案页面的绝大部分，稳住场面，其互补色往往只需要作为点缀色即可，其余由黑白两种常用调和色代为填充。

2. 随着制图软件的飞速进步，对颜色进行调节的方法已经非常多，我们也可以通过降低互补色其中一方的明度 / 饱和度，来增强明暗对比，这种方式可以缓冲两种颜色都十分明亮时产生的对抗性。

3. 另外，还要注意对黑、白两种调和色的应用，如果文案中全都是两种互补色做对比会让人产生不适，可以加入调和色进一步缓冲对抗性。

下面，讲两个搭配的小例子。

1. 黄色配紫色

如图 5-11 所示，当醒目的黄色与神秘的紫色一起出现在同一张海报上时，将是怎样的感觉？时尚感很强，绚丽夺目，很符合一款主打潮流女性市场的潮品包的定位。不过我们也可以在文案中看出，文案人员在设计这款海报时对色彩绚丽程度的展现也显得非常克制，同时降低了紫色和黄色的明度，并多应用过渡段颜色，最终达到了色彩和谐共存的效果。

图5-11　黄色配紫色的淘宝文案

2. 暗红色配墨绿色

将红色和绿色相配并不是一种罕见的搭配，至少这种搭配在圣诞节会铺天盖地。有意思的是，最初圣诞老人的服饰在很长一段时间就是绿色的，可口可乐被发明而没有放入焦糖时，其颜色也是绿色的，后来可口可乐修改配方加入焦糖，变成了现在我们看到的这种颜色后，通过一场圣诞节营销活动也将圣诞老人染红了。

按照心理学上的说法，热烈的红色可以刺激人的神经系统，相对平和的绿色则可以让人产生精神上的舒缓感，因此红色和绿色相配，可以让人从情绪上达到一种平衡。不过这两种颜色搭配不要过于突兀，否则会让你变成一个哗众取宠式的人物。

一种比较好的选择是，你可以参照女性化妆的经验，采用暗红色与墨绿色搭配，既内敛、含蓄，时尚、冷艳，又不失个性的美感。

小提示

本章讲解了如何正确选择淘宝文案用色系统。实际上只要看看那些传世的油画艺术作品，马上就会知道讨人喜欢的色彩配方其实是无穷无尽的，本章只是提供一些基础的思考方式，重点还要在实践中多探索。

CHAPTER

06

第6章
淘宝文案排版
设计技巧

说到文案的基本功，最基础的实际上是文字与排版这两点，尤其当初制图软件并未像如今这么发达，那时排版几乎是最重要的、第一时间便能打动人心的因素。后来随着制图软件越来越发达，很多人沉迷于"炫技"，似乎非要追寻炫酷的效果才是好的文案，以至于忽视排版的重要性，这其实是错误的。

看过本章后你将知道，排版原来如此神奇！

6.1 左对齐：对应从左至右的浏览习惯

本章开篇我们先来讲一个失败的案例，如图 6-1 所示，大家看了后会有什么感觉，是不是感觉太乱了？如此排版的文案，会有多少人看过后能明白它要表达的主要含义是什么呢？又有多少人会产生购买的动机呢？

图6-1 某排版混乱的文案

以上举例无非是想向大家说明排版对于一篇文案的重要性是不亚于任何一个其他环节的，必须重视。

下面，将讲解淘宝文案排版技巧第一招——左对齐。

目前从左到右阅读已经是全世界通行的阅读习惯，左对齐也就成为淘宝文案中一种常见、容易让人接受的排版方式。

当然，这也并不是完全基于对人们阅读习惯的理论推演，是有科学实验作为研究基础的。在众多实验中，以美国著名设计师杰柯柏·尼尔森（Jakob Nielsen）的《眼球轨迹的研究》报告最为权威，通过对各种阶层、收入、年龄、教育背景等多种维度人群的眼动仪测试，得出图 6-2 所示的浏览者目光聚焦热点分布图，红色为最热，即浏览者目光停留时间最长；黄色为较热，浏览者注意力保持时间一般；蓝色为不热，浏览者一般一带而过，几乎不会留下什么印象。

想必很多人已经猜到了报告最终得出的结论。人们经过多年上网经验的积累，大多数情况下都会不由自主地以"F 型"关注模式浏览网页，阅读文案自然也不例外，而左对齐则恰好契合了这种"F 型"关注模式。

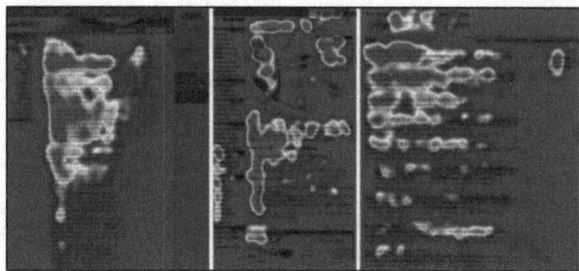

图6-2　浏览者目光聚焦热点分布图

在实际操作中我们应该注意些什么呢？肯定不可能将所有元素都堆砌在一张图的左边，再调一调颜色就可以的。这有点儿像跑步，几乎所有人都会跑步，但能科学跑步、在比赛中拿到名次的人又有几个呢？将一件简单的事情做到极致并不容易，文案左对齐排版同样如此，要注意的点并不少。

我们要判断一款产品的文案究竟是否适合用左对齐的排版方式，虽然左对齐排版几乎是万能的，但我们还是要思考，以防万一发生。通常情况下，像衣服那种适合采用平铺或悬挂方式进行拍摄的产品，就非常适合左对齐式的文案排版。

通常在进行左对齐排版时，文字会呈现竖式排版，文案信息主次分明，颜色尽量选择单色或双色，不要过于花哨，字体不要超过两种，采用常见字体即可。

排版时要注意文案内容长度的控制，不仅要控制总体文案内容长度要求，同时要控制每一行文字的长度，不仅要错落有致，还要使文案右侧有令人舒服的视觉负空间，那样才是最好的。图6-3所示为两种左对齐文案排版效果对比，其中用黑线长度代表文字长度，两种排版效果相对比，你喜欢1还是2呢？

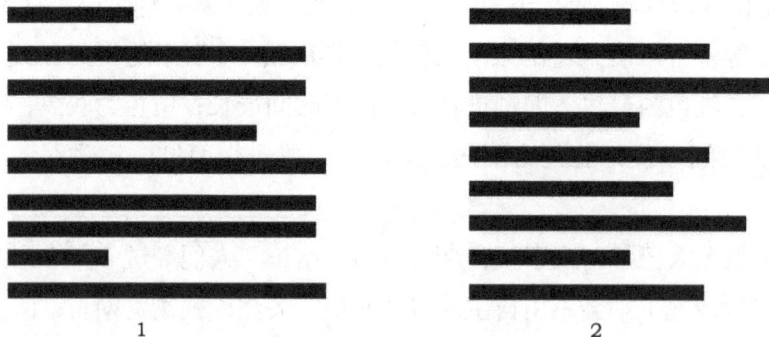

1　　　　　　　　　　　　　　2

图6-3　两种左对齐文案排版效果对比

想必得出答案并不困难，1 与 2 相对比，很明显后者的排版方式为右侧预留了更多的视觉负空间，虽然竖直方向多了几行，但并不妨碍对重点要素的展示。

那么什么样的右侧负空间是可以令人满意的呢？答案是流水型。大家可以观察安排视觉负空间比较好的海报，绝大部分都是左对齐流水型，自然流畅的美才是真的美。

所以说，虽然这种排版方式叫作左对齐，但衡量使用这种方式的效果是看右侧有没有留出视觉负空间，左边全部定格对齐即可。

6.2 居中对齐：要求高，入门新手要慎用

有左对齐就必然有居中对齐。在淘宝文案中，要想达到同等的视觉效果，居中对齐的难度是高于左对齐的，这一点对文案新手来说更是如此。

仔细观察采用居中排版方式的文案，我们可以看到，文案在中间位置显示时，会占用比较好的位置，但出于凸显重点的目的，又需要加大字号等操作。因此文案采用居中方式进行排版时，靠文案表达出的信息量往往比较有限，需要图片的衬托。

另外，在谈到左对齐这种方式时，我们曾谈到过左对齐这种方式非常适合采用平铺或悬挂方式进行拍摄的产品，居中对齐这种方式则不是很适合衣服这种采用平铺或悬挂方式进行拍摄的产品，怎么放都感觉有一点儿别扭，要么是不能突出文案，要么就是图片展示会受到影响，严重时还有可能破坏产品浏览完整性。

那么居中式排版到底适合哪些产品的文案呢？显然是言简意赅、文案信息比较少、通过不多的字数便能表达出完整意思的产品，如珠宝首饰或文化艺术品的淘宝文案往往只需要寥寥几个字说明问题，呈现出一种正式、高端、大气、有品质的氛围。

淘宝上的大众消费品的文案的排版方式，不同于房地产项目或珠宝奢侈品。我们在淘宝详情页或其他渠道的传播文案中能看出，采用居中对齐的概率要远低于左对齐。海报、文案居中排版会营造一种"高大上"的气氛，如果掌握得好，将文案添加在商品图片上，往往还会使文案与其下面的产品图片营造出一

前一后的层次感，再加上一些光效，会提升整个画面的空间感。但是，又有多少产品适合这样处理呢？还是很少的。

比如，我们最终看到的结果往往是，5 张商品详情概览图中，有 1 ～ 2 张会采用居中排版的方式，用以突出商品重要信息，如图 6-4 所示，突出重点信息"买一送一 / 两件 69 元""多色可选，热卖爆款"。

图6-4　某品牌男士短袖衫的淘宝文案

居中对齐方式对文案人员素质要求高，新手要慎用，主要是指排版并不对称的几个文案元素时，使用居中对齐并不简单。这和写 PPT 类似，常有人说"公司中写字的人不如画图的人，画图的人不如做 PPT 的人"，表达的便是这种道理，有的人看一些发布会的 PPT 时总觉得没什么，不就是居中摆上几行字、放几张图片吗？如果让他（她）自己去写一份试试就知道了，并不容易。

> **小提示**
>
> 　　虽然以上提到的多是文案居中排版时会遇到的一些困难，但大家千万不要以为居中排版方式就是不好的。世界上没有不好的文案排版形式，只有懒的文案人员。

6.3　画面：虚实对比、冷暖对比

通过本章前面的内容对文案排版中常见的左对齐及居中对齐方式的介绍，

相信有很多人在思考自己以往采用的文案排版方式是否有同样错误的同时，也应该会注意到，在实际操作中，文案排版实质上是为整体画面服务的。整体画面效果好，文案才能显示出神威。

下面，可以通过美术理论思考一下，使用哪些构图技巧组建出来的画面，是能受到更多消费者喜欢的。这一点我们似乎可以从另一个方面思考，近几年双摄像头几乎成为所有手机的标配，那么双摄像头的好处是什么呢？可以调大光圈，可以拍出更好看的照片，"拍照更清晰""人像摄影""拍人更美"纷纷成为手机厂商们的口号，很多消费者就是为了更好地进行人像摄影而换了双摄像头手机，可见它的魅力。那么，如此受欢迎的所谓人像摄影，妙处到底在哪里呢？它最大的优势就是在于可以实现拍摄画面虚实对比、冷暖对比等效果，这也正是多年来摄影者们都推崇的人像摄影效果，利用这些效果打动人心是分分钟的事情。

那么既然很多人都很喜欢有冷暖对比的画面风格，我们是不是也可以制作这种画面风格的文案来吸引消费者呢？当然可以，而且越早越好。

一般而言，利用虚实对比的画面风格展示产品时，文案退居次要地位，产品在整个页面中所占比例具有绝对优势，往往要占到整个画面的2/3左右，如图6-5所示，必要时甚至会占满整个画面进行满版型设计。当然，之所以能这样做，也是基于产品满足不需要过多文字解释、更重画面感和依赖视觉冲击力的基础特性。

图6-5 京东的文案

冷暖对比则往往通过文案的色彩搭配来调节、呈现。虽然在本书第5章中我们已经讲过很多种有关文案色彩搭配的方法，如相邻色法、相隔色法和互补色法，但这些方法毕竟只是基于色相轮的理论。下面，将讲解如何用颜色调节来实现文案在视觉上的冷暖对比。

简单地说，冷暖对比方法类似用荧光笔在文章中标出重点，通过冷暖色搭配形成的对比、互补，有规划的层次，带领消费者一步步走进你的设计。

说到这里，我们有必要强调冷暖色。色彩学上，根据人们在看到一种色彩时所引发的心理感受，将颜色区分为暖色调（红、橙、黄）、冷色调（青、蓝）及中性色调（紫、绿、黑、灰、白）。

以上这几种颜色在绘画和设计上的应用十分广泛，红、橙、黄会令人联想起阳光与火焰，有温暖之感，这3种颜色被称为暖色调；同理，会给人距离、凉爽之感的青、蓝两种颜色被称为冷色调；而紫、绿、黑、灰、白就成了中性色调。

在利用冷暖对比突出文案时，产品的颜色是很重要的一点，要参考它选出所要应用的颜色。至于整个文案的用色，尽量不要超过3种，同时要遵从配色黄金比例。

6.4　字体：大小对比、粗细对比、疏密对比

图6-6所示的文案有不同的字体排版对比，当我们以消费者的眼光来阅读这篇文案时，会感觉很有趣。

图6-6　某品牌蓝牙音箱的淘宝文案

显然，画面左上方的标题略小一点儿，字体为宋体可以显得正式，画面正

中间位置为特殊字体，增强了趣味感。

我们知道，在文案排版中，仅仅字体对比还远不够，常用的手法包含大小对比、粗细对比和疏密对比。

1. 大小对比

如今消费者在浏览文案时，一般是通过网页浏览，所以在文案排版上，我们往往需要借鉴观赏性强的网页。

一般而言，当人们在屏幕上浏览时，标题大小适度会给人一种有力、活跃、自信的印象。此外，大小对比都是相对而言的，标题与正文的文字大小对比被称为跳动率，跳动率越大，画面越活跃；反之则越稳重。

通常人们会用磅或像素来衡量画面中字体的大小，根据人们日常浏览网页所积累下来的习惯，正文、页脚和辅助信息选用 14 ～ 16 像素较为正常，标题的大小则根据文案层级来控制，依次增大字体，最终划分视觉层级，引导观者视线。

2. 粗细对比

高矮胖瘦都是重要的人体审美考量标准，字体也一样，字体粗细也直接影响文案整体观感和效果。

字体的选择往往是一种文案人员感性的、直观的行为，粗体字显得强壮有力，充满男性阳刚之气，比较适合机械、建筑、科技等行业的文案，图 6-6 所示的某品牌蓝牙音箱的淘宝文案，对这一点运用得便很精妙；细体字相对粗体字则显得高雅、细致，具有女性韵味，适合服装、化妆品、食品等行业的文案。无论是黑体、宋体，还是微软雅黑，只要变粗、变细都会产生相应的效果。

不过粗细对比都是针对文案不同层级来说的，同一层级的文字，如果都是正文就没有必要进行粗细对比了。

3. 疏密对比

文案内容疏密对比，最基本的便是对字间距与行间距的处理了，将直接影响美感和视觉感受，图 6-7 所示为合理利用疏密排版的典型文案。

大家都知道，想要文案有轻松、舒展、娱乐的版面效果，往往需要将标题文字的字距拉开、行间距放大，以显出活跃的气氛；想要表达现代、前卫的理念，则往往需要压缩标题文字的字距。

标题下方的正文更是如此，只要灵活运用字距与行距的宽窄变化，就可以很轻松地给作品添彩，增加空间的层次和弹性。可以这么说，字距与行距本身就是有很强表现力的设计语言，运用时体现着设计者的审美意趣。

图6-7　合理利用疏密排版的典型文案

在实践经验中，一般正文都是设置接近字体大小的行距，字号与行距常规比例为10:12，即字体大小为10点时选取的行距为12点，该比例是合适的，既为阅读者留出了适当的水平空白条，减小视觉压迫，引导浏览者的目光，又不至于因行距过宽而失去连续性。

> **小提示**
>
> 无论是字距或是行距，均不要超过字体大小的200%，实践经验证明该数据几乎是一条"生死线"，无论设计人员设计得多么令自己满意，如果超过200%，一般不会取得理想的效果。

6.5　分组：将相同信息放在一起，使规划更有条理

分组管理是人类面对越来越多的信息时早期拥有的能力，在现代商业社会协作中，该方法更是一种提升效率的普遍方式。我们在撰写文案时，要有针对性地揣摩、观察受众的习惯，他们虽然是很悠闲地在挑选自己并不急于购买的商品，但在看你的文案时也是没有多少耐心的，这一点已经是相当多的人数字化生存的本能，不以文案人员的意志为转移。

文案人员能做的是什么？就是将重要信息快捷地发送给消费者，不需要消费者判断、思考。如果文案人员没有这样做，那么他们将面临这样的情况：每增加一步判断或一次思考，都会出现客户转化率以10%的比例降低。

想要达到尽可能减少浏览者判断、思考的效果，将信息分组呈现是一个常规方法，将相似的信息摆放到一起，不仅会使整个页面富有条理性，整体视觉

效果看上去也会非常美观，利于消费者阅读。

　　如图 6-8 所示，当一页海报文案中需要包含很多商品信息时，左图只是简单叙述，未加整理便将信息全部铺了上去，最终呈现出来的效果显得杂乱无章；经过右图的修改后，通过对产品信息分组展示，将具有同一性质的文案信息（衬衫穿着体验）分为一组，如此一来，右图相比左图，无论是在视觉感官上，还是在阅读层次上，均显得有条理性。

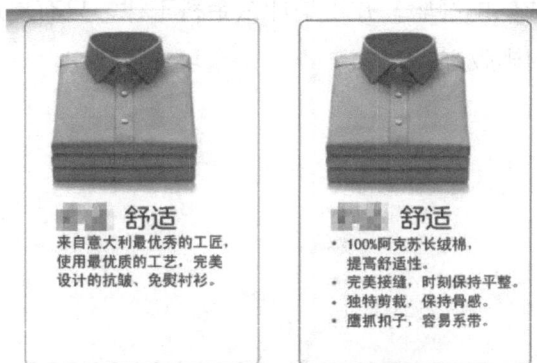

图6-8　两种不同信息展示形式的对比

　　此外，进行分组管理的同时，搭配结果对比也是一个不错的方法。图 6-9 所示为文案信息分组管理与结构对比搭配的效果，画面下半部分用"有品质""温暖""优惠""时尚" 4 点分组展示新款羽绒服的优点，画面上半部分则利用结构对比，用了两种不同的字体搭配方式——"手写和衬线体搭配""衬线和非衬线字体搭配"，用于区分重点信息，同样取得了相当不错的效果。

图6-9　文案信息分组管理与结构对比搭配的效果

　　讲解了分组管理，至此完成对文案排版的基本方式的讲述。为了便于记忆，有人专门编写了一曲《排版七字经》，虽然有点儿俗，平仄也没有很考究，但相当实用，内容整理如下。

事先搭建好框架，图片为主字为辅。视觉流程应理清，重要信息要居中。产品永远是主角，图文形状莫雷同。3种字体不宜多，3种字型供选择。大标题要三突出，标题内文四比一。文章层次不过三，字距小于行间距。行距小于字高度，行距小于段间距，段间距小于周边距。周边留空好通风，四角留空忌相同。

在本章结尾还要强调本章开篇中的那句话：运用之妙，存乎一心。以上讲的只是一些比较成熟的经验，并不是什么金科玉律，只有更适合消费者的排版方式，没有固定的排版方式。

CHAPTER

07

第 7 章

淘宝详情页
文案写作技巧

||||||||||||||||||||||||||||||||

前面的内容讲的都是如何通过标题、色彩、排版等手法使文案具有外在美，是有必要的。但我们将文案"脸蛋"打扮漂亮后，内涵也是重要的，内外兼修才是不二法则。

7.1　标题突出长尾关键词

如今卖家想要获得好的曝光率已经不是一件容易的事情，即使购买了直通车也未必能超预期，因为购买直通车的人太多了。

我们可以观察到这样一种状况，当你的成交热词与搜索热词重合或接近，而你的宝贝权重又很高时，往往可以排在类目前几名，成为"爆款"。那么我们应该如何抓住这些关键词呢？

与很多所谓 SEO 专业人士提倡标题要覆盖全面、努力抓住热词不同，本书的观点是，淘宝文案标题优化一定要量力而行，根据宝贝当下的权重来选择最适合这款宝贝的关键词。

实践经验告诉我们，如果宝贝是"爆款"，取标题和标题优化反倒更容易选择、没有那么多规矩，反正有很多人关注，可以在类目中选两个买家搜索量大的关键词，按照正常的阅读习惯添加到标题中。

想必那些努力找方法的卖家往往都是为了某些权重十分普通的宝贝，需要对标题进行优化，精雕细琢才有可能在千军万马中获得一线生机，那么这些卖家应该怎么做呢？答案是突出长尾关键词，事实上大家也都开始这么做了，如今随便在淘宝上进入一款产品的详情页，标题不仅都是很长的，而且关键词也都是很长的，如图 7-1 所示。

图7-1　某品牌家纺产品的淘宝文案

在讲解如何查找合适关键词前，我们先了解一下淘宝搜索引擎的工作原理。淘宝平台抓取关键词的原理与百度这样的搜索引擎是有一些差别的，它抓取标题时采用的是最大匹配扫描原理，如果关键词很短，是没有办法再优化的。

当买家搜索的关键词很短时，搜索结果全被权重高的宝贝占据，也许某个卖家写的是长尾词，但淘宝本身的继续优化原理不会让该卖家完全没有机会；而当买家搜索比较长的词时，如果某个卖家的标题中长尾关键词和买家搜索的词一样，搜索结果则会有限展示符合最大匹配原则的结果。

要想获得以上这种结果，在实战中我们要保持这样的思路：在保证长尾关键词可以实现最大匹配的前提下，尽量覆盖热搜关键词。

以上的思路往往被细化为如下几个步骤。

1. 已有数据分析。根据既有数据分析商品已有关键词的效果，优胜劣汰。

2. 分析新数据。查看当前淘宝热卖、成交指数排行等数据，根据最新变化挑选最适合宝贝的关键词。

3. 挑选主推词。挑选与宝贝权重相符合的长尾关键词作为主推词。

4. 采用合适的标题。根据挑选出来的长尾关键词，并参照其他同业竞争者已经取得不错成绩的标题写作方法，确定标题。

5. 数据收集。标题优化好后很快就会有效果，要注重统计每天的数据，观察变化。

6. 数据对比分析。每天收集好数据后都要将其与此前数天的数据进行对比，重复以上5个步骤，每天优化数据。

7. 监控成交关键词。这是对优化效果的直接考验，所有的优化都是为了提高成交关键词与热搜关键词的贴合程度。

最终，买家通过以上方法找到一些可以使用的长尾关键词并进行最终的筛选时，还要格外注意以下 3 点。

第一，虽然是长尾词，但一定要是买家会搜索的词，千万不要长到根本没有什么人搜索的程度，否则所有的功夫都白费了。

第二，要善于利用工具，如今网络上做淘宝卖家生意的人很多，开发出很多供卖家使用的软件，使用这些软件，对于文案人员挖掘关键词、写标题是有百利而无一害的。

第三，一定要选择与宝贝成交指数差距尽量小的关键词，这样才能保证宝贝通过该词实现点击率最大。举个例子，当宝贝通过你的优化人气逐渐升高时，你会发现买家搜索的热搜关键词会与你的成交关键词越来越接近，而且越来越短，这当然是一件令人高兴的事情。但同时也是在提醒你，你需要进行新一轮的标题优化了。

7.2　产品概况，最好是 20～30 个字

优化标题后，便需要编辑产品概况。如果以对淘宝搜索引擎示好的角度来看，对产品概况的撰写是与标题优化几乎没有什么差别的，重点体现在以下 4 个方面。

1. 不要过长，最好控制在 20～30 个字。目前 30 个字以内是绝大部分网文的标题长度，有的甚至更短，被限定为 24 个字。总之，20～30 个字的长度比较合适（有部分数据统计表明二十六七个字的效果是最好的），不要过长，否则既对优化没什么好处，还很快让浏览者失去耐性，后果严重时会使浏览者改看其他的产品，得不偿失。

2. 虽然长度有限，但还是要将商品的特点、适用环境、关键词尽可能多地覆盖进去（当然是在满足第 1 条和不影响阅读的前提下）。

3. 适当增加对产品特点的描述性词语，这样既可以帮助客户更好地区分你的产品与其他同质化产品的差异，也可以尽量避免你发布的产品被系统认定为重复发布，如图 7-2 所示。

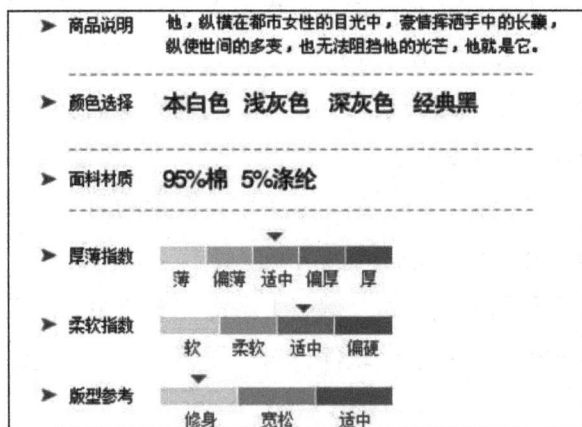

图7-2　某品牌男士衬衫的产品概况描述

4. 适当用一些符合平台规定又能挑逗起客户购买欲望的词语是无伤大雅的，这样对增加曝光率和点击量有好处（当然，这一点要在不影响前 3 点的条件下进行）。

下面，讲解一个实际操作案例。

如果你的淘宝宝贝是毛巾，那么关键词中肯定会有"毛巾"，在产品概况中需要加入更多消费者可能会搜索到的、会喜欢的描述性词汇，找这些词可以从以下几个方面出发。

1. 功能。对产品功能、特性进行描述，如毛巾是全棉的，那么就可以加上"全棉毛巾"，甚至还有竹炭毛巾，那么描述中就加上"竹炭毛巾"。

2. 使用人群。很多消费者在毛巾分类方面还是很讲究的，根据不同使用人群，毛巾可以分为儿童毛巾、油性皮肤者毛巾、干性皮肤者毛巾等。

3. 周边卖点扩展。仍以毛巾举例，当你卖的毛巾上印了一只维尼熊时你应该怎么向消费者描述？小熊维尼、维尼熊图案是必然要加上的。我们不能排除在毛巾质量相同的情况下，有的消费者会将图案作为自己选择时的主要参考因素的可能性。

4. 信誉度描叙。如果你是 5 星卖家，在产品概况中讲明这一点就足以证明你的实力。

小提示

根据经验，产品概况字数控制为 26 个字是最适宜的，既可以表达清楚，又没有一个多余的字，这样的效果才是最佳的搜索引擎优化。

7.3　利用 Banner 图确定一个核心创意

如今在对淘宝详情页的设计中，利用 Banner 图俨然已经成为一种常规设计方法。Banner 的原意是旗帜或横幅，网络兴起后被引申为网页中各种尺寸和形状的广告图，尤其篇幅较大、像横幅一样挂在网页上的广告图，主要作用为展示、宣传、吸引用户注意力、带来转化率。

明确了淘宝文案中的 Banner 图的作用后，我们便可以探索一幅经典的 Banner 图中应该包含哪些元素，想在方寸之间"画画"并吸引绝大多数消费者绝不是一件容易的事情，所加上的每一个元素都要为文案的终极目的服务，将冗余的因素全部放弃，只留下图 7-3 所示的文字、商品 / 模特、背景、点缀物（可有可无）。

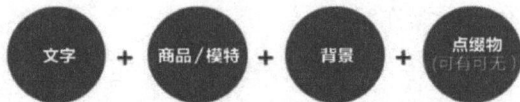

图7-3　淘宝文案Banner图主要组成部分

那么我们应该如何排列组合这些组成部分，以获得一个合格乃至优秀的文案 Banner 图呢？

为了增强视觉冲击性，淘宝详情页往往会在详情标题后面使用 Banner 图作为文案开端，那么 Banner 图除了开篇作用，还有一个更重要的作用：确定本篇文案的核心创意，为后面的内容定下基调。图 7-4 所示为某品牌运动鞋的淘宝文案开篇 Banner，并不是介绍运动鞋性能的，而是定下了"一路有你，放肆奔跑！"的文案基调。

图7-4　某品牌运动鞋的淘宝文案

一般而言，除了风格各异的细节打磨，淘宝文案 Banner 图至少要遵守以下几点要求。

1. 文字醒目（可以轻松分清主、副标题）

这一点我们在本书第 6 章的淘宝文案排版技巧中已经强调过一次，文案中各层级的文字像人的五官一样，越分明越好看。主标题不仅字体要大，颜色也要醒目，起到吸引消费者注意力的效果；从副标题开始，下一层级内容都对上一层级内容起辅助作用，副标题辅助主标题，正文辅助副标题。

2. 考虑时间点

尤其是促销文案中经常会体现出时间点的作用，如会使用"本季上新""××××年新款""仅限前 1000 名"等，人为造成时间压迫感，让用户产生迫切希望了解文案后面内容的想法。

3. 抓住需求点

这是关键的一环。即使是 Banner 图，消费者浏览时停留的时间也是十分短暂的，用于思考的时间更短，如果 1 秒内他们没有看懂 Banner 图所要表达的意思，便会离开。所以在设计 Banner 图时一个总的原则：不在多而在精，突出重点。

4. 顺应消费者的浏览习惯

绝大部分消费者都是习惯从上到下、从左到右浏览网页的，设计 Banner 图时焦点摆放一定要兼顾到这一点，应避免焦点太散，否则会让消费者无所适从。

5. 谨慎用词

适当用一些带有刺激性的用词是可以的，但一定要控制在自己可以承诺的范围，千万不可太夸大，如靠"免费"把一些流量引进来，结果消费者浏览后发现并不是那么回事儿，会严重损害用户体验和产品美誉度，显然是一种杀鸡取卵、得不偿失的做法。

7.4　详情页 Banner 图应避免的 3 个错误

当我们掌握了如何设计出一款比较令人满意的 Banner 图的方法后，对于初学者而言，一定要避免以下 3 个误区。

1. 滥用各种效果

新手期的文案人员有不自信心理，时常有进入这个误区的危险。如图 7-5 所示，本来挺好的产品，加上这种低层次的效果后，简直无法入目。我们不反对用特效，但千万不要用这么低端的。

图7-5　滥用效果的某产品的文案

2. 人为制造信息阅读障碍

如图 7-6 所示，文案整体效果还不错，但设计人员为了想要一点儿效果和气氛，使"季中"二字纠缠在一起，变成了浏览者 1 秒内不能分辨清楚的合体，这样相当于人为制造信息阅读障碍，不是一种可取的做法。

图7-6　人为制造信息阅读障碍的文案

我们在第 6 章通过整章的内容来强调排版的重要性，无非是因为好的排版能让人眼前一亮，通过排版与色彩搭配的有效使用，可以引领消费者进行浏览，让他们及时注意文案人员想传递给他们的有效信息，尽量避开人为制造阅读障碍这个误区。

3. 信息表达不准确

如图 7-7 所示，全球热播剧《冰与火之歌》的特效做得怎么样？确实很好，也许有的人会以为这是《冰与火之歌》的宣传文案，通过下方的小字，可以知道这是一家欧式家具的文案。

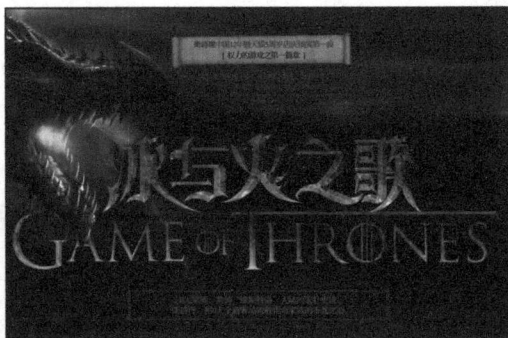

图7-7　信息表达不准确的文案

一篇文案运用各种元素是为了向消费者传递准确的信息并打动他们，而图片尤其是 Banner 图更是要起到点题的作用，让浏览者看到图片后能加深对产品的印象。图 7-7 所示的文案则是一个反面教材，文案中用到的《冰与火之歌》的特效确实很好，但这不是在为《冰与火之歌》写宣传文案，《冰与火之歌》占了 Banner 图过多的画面，需要用放大镜仔细看下方的小字才知道原来是一家欧式家具的文案。

在文案的 Banner 图设计中，信息传达的准确性是重要的，其次才是好玩儿的创意、有吸引力的标题和炫目的效果，千万不能舍本逐末，否则到头来只能是白费工夫。

7.5 从买家关注的角度放置产品细节图

即使不是淘宝卖家的人也知道，淘宝详情页中的图片是重要的展示形式，产品图片的质量能直接影响买家的购买欲望。

虽然你知道买家在打开淘宝详情页时喜欢看图片，但你知道买家在看这些图片时最关心的是哪一张吗？理想买家与感性买家在看图片时有什么不同？

图 7-8 所示为理性买家、感性买家和混合型三种不同类型的买家在查看淘宝详情页时分别关心的问题，这些问题是根据买家的重视程度由上到下列举。这三类买家所关注的详情页内容还是有不小差异的。理性买家喜欢关注模特效果图和实图、感性买家喜欢关注购物保障须知和促销推荐；混合型买家喜欢关注促销推荐和穿着效果。

理性买家	感性买家	混合型买家
穿着效果	购物保障须知	促销推荐
实拍图	促销推荐	穿着效果
宝贝介绍	穿着效果	实拍图
尺寸信息	实拍图	宝贝介绍
做工细节	做工细节	做工细节
基本信息	宝贝介绍	尺寸信息
评价展示	评价展示	评价展示
品牌说明	尺寸信息	搭配建议
搭配建议	搭配建议	基本信息
促销推荐	基本信息	品牌说明
购物保障须知	品牌说明	购物保障须知

图7-8　3种买家查看淘宝详情页时分别关心的问题

那么什么是产品细节图呢？自然是向浏览者展示产品细节、功能的图片，清晰展现产品的操作功能、相比其他同类竞品的差异和优势。在实际操作中，我们往往从以下几个方面，以买家的观察角度放置产品细节图。

1. 不同角度拍摄

所谓仔细观察其实就是从不同方位将产品看一遍，我们可以对产品上拍、下拍、左拍、右拍、近拍、远拍，代替浏览者全方位观察产品。图 7-9 所示为某女款鞋的细节观察图，不只是鞋的整体展示，鞋跟鞋底、鞋上的图案、鞋里的设计等都要展示。

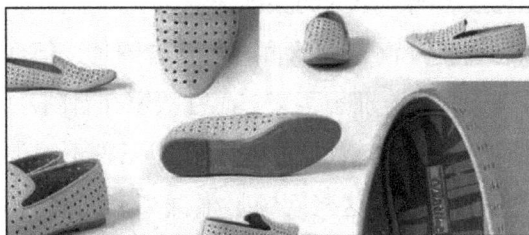

图7-9　某女款鞋的细节观察图

2. 运用悬停效果

悬停效果是一种能很快改变客户体验的方法，尤其是当静态产品类目中产品较多而使页面显得拥挤时，增加悬停效果可以使产品进行多重显像，用更有趣的方式展现内容、引起客户的好奇心。但是这种技术有一定的技术门槛，往往需要雇佣专业的网页设计公司来操作。

3. 多利用特写镜头

在镜头语言中，特写镜头就是为表达细节而生的，淘宝文案也可以通过特写镜头来展现产品细节，尤其是图 7-10 所示的家具或汽车等注重细节设计与安全设计的产品，突出令人喜欢、令人印象深刻的元素。

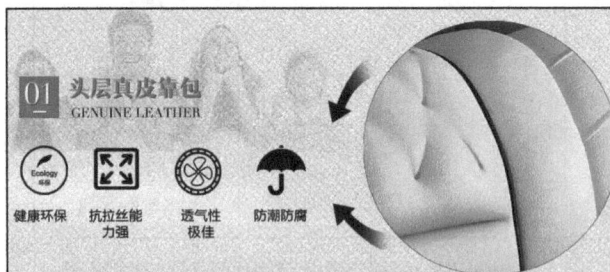

图7-10　某品牌家具的文案中的特写镜头

4. 尽可能使用单色背景

这是拍摄技巧的一部分，有时我们拍摄产品需要利用环境来衬托主体，但在拍摄产品细节图片时要避免环境因素喧宾夺主，尽量使用单色或不那么显眼的背景颜色，要注重突出产品本身，千万不可以本末倒置。

5. 视频展示

有些人在查看内容方面是比较懒的：有图片不看文字，有视频不看图片。现在淘宝详情页已经支持卖家上传视频以介绍产品，可以拍成视觉效果更强的视频，向消费者展示产品细节。

> **小提示**
>
> 好的摄影技术是产品文案成功的重要前提之一，而细节又往往是人们最关心的部分，"整体上看着都差不多，重点在细节处不同"是很多人在购物时的想法，一定要在文案中尽可能满足这一点。

7.6　重点展示产品详细属性，体现专业

本章前面讲解了长尾关键词、产品概况和 Banner 图，这些都是"凤头"，随后讲解的产品细节图与即将讲解的产品详细属性展示则是"重头戏"。

当消费者通过标题、概况、Banner 图等大概了解商品后，会想要详细了解产品属性，而我们要做的便是及时迎合这种心理，使消费者心中产生好感。

那么产品详细属性应该详细到什么程度呢？事无巨细，在不影响美感的前提下，能有多么详细就要多么详细。产品参数必不可少，虽然绝大部分的购买者都不会真正仔细地去看产品参数，即使看了很多参数也未必看得懂，但在详情页中将它展示出来还是有必要的，因为这样做会使你的产品看上去正规、专业。与家用电器的铭牌相似，深究铭牌的人不多，但如果没有铭牌，就会令人觉得是三无产品。

产品参数同样有点儿让消费者不好理解，所以在淘宝详情页文案中我们还需要进行更人性化、趣味性的展示，图 7-11 所示为某品牌登山鞋的淘宝详情页内容，通过类似实物展示的形式，将每一个能展示产品性能的细节更生动、直观地展现在消费者的面前，用词也自然比产品参数中那些枯燥的英文和数据要

更吸引人。

图7-11 某品牌登山鞋的淘宝文案

当然，详细属性也可以进行对比展示，通常情况下为不点名揪出市场上某生产普通同类产品的竞争对手，进行全面对比，以体现自家产品的质量和卖点。比如，当我们在淘宝上购买足疗机或类似的产品时，往往会在其淘宝详情页文案中看到它与"普通足疗机"对比，显然对比时遣词造句颇费心思，但我们不得不承认，这样的对比和产品细节属性展示，对消费者增加对产品的了解、好感、购买欲望都是有相当大的好处的。

总之，展示产品细节图与展示产品详细属性相辅相成，出发点都是期望消费者更多了解产品，只不过一个是利用图片的形式从不同角度观察产品，而另一个则注重展示产品详细属性，体现专业性。

7.7 关联营销，推荐关联产品

打通隔阂进行关联是目前中国互联网行业的一个大趋势，淘宝也不例外，很早以前淘宝便为卖家们开通了关联营销的功能，以满足卖家们将辛辛苦苦引来的流量最大化利用的强烈渴望，图 7-12 所示为某品牌男鞋的淘宝详情页关联营销部分，使浏览者看一件商品文案的同时又了解了该店其他几款关联产品的信息——这双鞋不合适，再看看其他的。

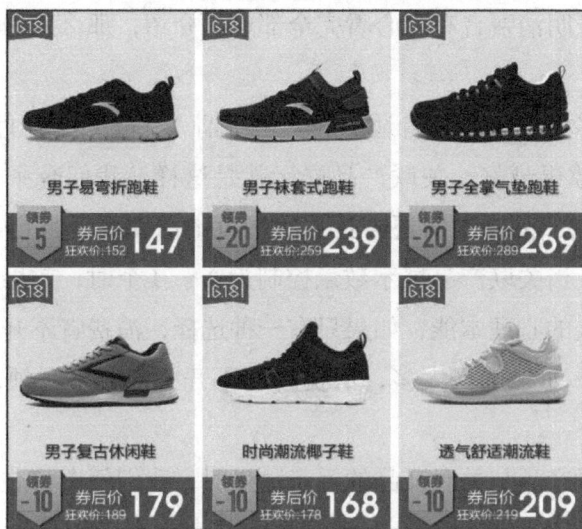

图7-12 某品牌男鞋的淘宝详情页关联营销部分

一般而言，卖家在淘宝商品详情页中使用关联营销，有以下两种目的。

1. 互补关联

主推产品是店铺正在热卖的产品，可以将很多消费群体流量吸引进来；而与其相关联的产品则是满足消费者的其他需求的，并且价格不超过主推产品的 **30%** 的多个关联产品，以多带少，以热带冷，阶梯式互补关联。典型的搭配如一款新品智能手机，关联手机壳、耳机、充电宝等周边产品，消费者已经在手机购买上花费了不少，如果再关联很贵的产品难免会让他们丧失购买欲望。

2. 替代关联

与互补关联相对，替代关联是指主推产品是店铺热销产品时，关联产品是与主推产品在性能、价格、品牌档次均相差无几的产品，二者间是替代关系。典型场景还是图 7-12 所示的案例，同一店铺以不同款式运动鞋进行替代关联。

那么在淘宝详情页文案中，关联营销产品放在什么位置比较好呢？目前这一点在营销界还是一个比较有争议的话题，一般而言大部分卖家都会将关联产品放在详情页的最上方、主推产品详情介绍的前面，目的往往是想让顾客浏览到更多的商品，填满购物车，提升销量。

这种想法是好的，但有些一厢情愿，消费者还没有看清楚主推产品，又怎么会对关联产品有那么大的兴趣呢？事实上，关联产品的摆放位置不能一概而论，如果页面跳失率很高，应该将关联营销产品放在详情页的上方；如果页面转化率很高，证明消费者有耐心看完全部产品介绍，那么应该将关联产品放到尾部效果更佳。

那么关联多少个产品是合适的呢？正所谓"杯满则溢，月盈则亏"，很多事情不是越多效果越好，关联产品展示就是这样，我们夸张一些设想，当整个详情页被关联产品铺满时还会让人有浏览的欲望吗？肯定是有一个临界值的。研究发现，当关联产品展示数量控制为 2 ～ 4 个时，效果最明显。这一点其实也是基于人的心理本能，如果只有一种选择，消费者不开心，觉得自己没有发挥自主性；如果选择太多，消费者也不开心，会不耐烦，甚至丧失判断能力。

选择好关联产品与关联产品的展示数量时，我们便要将这些产品放入详情页中，那么关联产品展示部分在详情页中要占到多少才是合适的呢？答案是两屏，不得已的情况下，三屏就是极限了，这还是指移动端，PC 端最好只占一屏。

下面，强调一些关联营销时一定要避免的错误。

1. 错误估计消费者。将关联性不大即实际销售不存在关联的两个商品放在一起，无论是怎样红火的主推产品，关联转化率都将是很低的。

2. 忽视了对高利润商品的关联。当以"爆款"产品做主推产品时，应优先考虑那些单品利润较高的商品，否则即使销量上去了，收益上却和做单一"爆款"没差别，甚至有可能"爆款"是用价格战赢来的，结果一核算还有亏损。

3. 产品品类覆盖不全。比如，消费者往往习惯将商品 A 和商品 B 一起购买，可是店铺里只有商品 A 没有商品 B，那么就会产生很差的用户体验，有这种消费习惯的用户会直接流失。

4. 胡乱关联。很多卖家都抱着一定要用足关联展位的想法，有关联展位空着时便会心痒难耐，使用胡乱关联去填满，其实那样只会使整体效果变差。

▌▌小提示

> 总之，关联营销要想获得好的效果还是要从买家心理出发，买家买了这个产品之后，还有可能会对哪些产品感兴趣？什么时候让买家看到这些关联产品是恰当的？这些都是在设计淘宝详情页时要勤加思考的问题。

7.8 行业资质与粉丝代言

尽管最近一些年"专家"头衔在网络上的口碑并不好，但在很多事情上人们还是愿意相信专家的意见的，因为在分工越来越细化的现代商业社会，专家显然是在某一领域中掌握信息较多的人，他们的建议总要比那些局外人更有可信度。

同样的道理，如果一家淘宝店铺的产品拥有某项行业资质，消费者对它的可信度又会再上升一层，尤其是对于建筑、医疗、药品这些涉及专业分工与生命健康的行业来说更是如此。所谓行业资质证书正如人的毕业证书，是有关机构对企业能否从事这个行业的肯定，有了资质证书则表明企业在资产、人员配置、技术积累等方面跨过了准入门槛，是一项很大的荣誉，也是对企业综合能力的肯定。

在文案中要多使用这种能证明品牌实力的证书，常见的除了某品牌药品（如图 7-13 所示）的"发明专利证书"与"国家科学技术部"认证证书，还有类似某品牌红酒（如图 7-14 所示）的"海关进口单""出入证卫生安全检验"等证书，虽然不能证明自己在这个行业中是独行天下难逢敌手，但至少可以强有力地证明自己进口红酒的招牌是货真价实的。

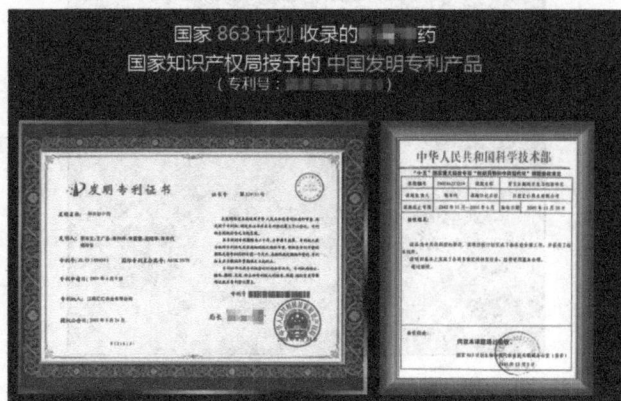

图7-13 某品牌药品的淘宝文案

既然我们可以利用国家相关部门审批的行业资质证书来证明自己的实力，那么我们是不是也可以让消费者、粉丝来代言产品，体现产品的性能呢？当然是可以的。

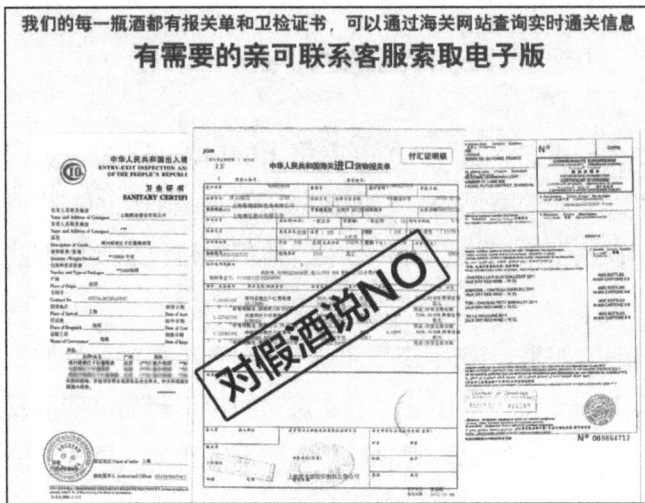

图7-14　某品牌红酒的淘宝文案

现代营销学中，粉丝经济已经是一个大命题，并且已不仅限于针对名人效应的粉丝经济，一件好的、优秀的、极致的产品同样可以拥有它的发烧友和粉丝，这些粉丝相比名人的粉丝，他们的热情度并不低，"自来水效应"明显，只要产品能打动他们，即使自己在其中没有丝毫的经济利益，他们同样会积极向身边的人推荐、利用自己的社交媒体向外传播。当这些行为被整理成淘宝详情页文案素材时，同样具有打动人心的力量，如图 7-15 所示。

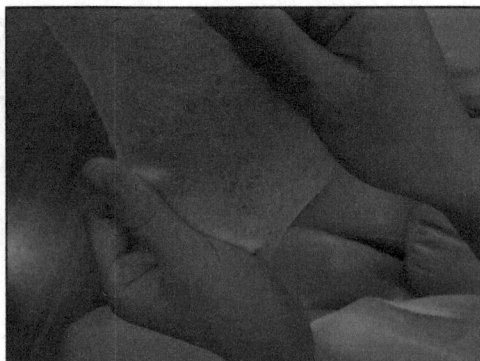

图7-15　某品牌面膜的淘宝文案中粉丝代言部分

不过将粉丝代言用到详情页文案中，往往要面临的一个问题是删减故事。如果粉丝代言只写一句"产品真是棒"，那么和没说没有太大的差别，不具有可信度；而如果说得太多，就成了一篇软文，会占据太多的篇幅。所以删减故事才是重点。

7.9　给买家的承诺越具体越好

大家在互联网上的防骗意识很强，而卖家要做的便是，通过承诺和实际行动换取消费者的信任。

卖家对消费者的承诺是多方面的，产品功能上一定要承诺消费者，并且承诺得越详细越好，并且要说到做到。

比如，为一款化妆品写文案，"让你美丽"这样的承诺显然过于宽泛，消费者至多认为你是在宣扬产品的一种情怀，尤其在产品还不是特别具有知名度的情况下，很可能认为你经营的是一个"皮包公司"，显然没有图 7-16 所示的某品牌化妆品的淘宝文案中"瓦解顽斑，点亮无暇肌肤"和"淡化斑点，击退暗黄，补水润泽"这几点承诺来得实在。当然，如果你不嫌显得没文采，用"消除你脸上的色斑"来承诺，效果更好。

图7-16　某品牌化妆品的淘宝文案

有了对产品的功能性承诺，淘宝详情页文案中往往还要写清楚对消费者的零风险承诺，给在网络上普遍缺乏安全感的消费者提供一个能减少购买障碍、安全放心的交易环境。要想达到这个效果，卖家要做的基础工作就是要先进行零风险承诺，主动承担和买家之间可能发生的所有风险。图 7-17 所示的案例，这个男鞋品牌不仅提出了"×× 试穿，不满意包退"的承诺，还为每位顾客购买运费险，消费者不必担心退货时的邮费问题，心理安定。该产品的成功购买的转化率将远高于没有这项承诺的产品，而事实上即使卖家做出了这样的承诺，退货的比例通常也是极低的。

对买家承诺的内容越具体，越能使消费者产生好感，对卖家店铺美誉度的提升也是大有裨益的，像目前天猫店评分最基础的三项便是"描述""服务"与

"物流"，这些不仅都是涉及卖家对买家承诺的选项，同时还是买家对店铺评分的主要选项，当卖家说到做到时，最终会反映在店铺的高评分上。

图7-17　某品牌男鞋的淘宝文案中的零风险承诺部分

卖家对买家进行承诺也要视自己的情况量力而行，不可不承诺但也万万不可胡乱承诺，言而无信所产生的负面效应是极其可怕的，是100个好评都不能消除的，最好不要出现这种情况。

同时，淘宝为了提升平台的整体用户体验，对欺骗消费者的行为的惩罚力度越来越大，淘宝对卖家未履行对买家承诺的最新处罚如下。

如果卖家拒绝向买家提供其承诺的各项服务，包括交易违反支付宝交易流程、拒绝使用信用卡付款、承诺的没做到、未按成交价格进行交易，卖家需要向买家支付该商品实际成交金额的5%作为违约金（不包括邮费或红包的金额）。买家发起投诉后，如果卖家未在淘宝网人工介入并且判定投诉成立前主动支付该违约金，除需要赔偿违约金外，每次扣3分。

另外，扣分还有很多要求，如果卖家还有其他一些不合规行为，扣分会更多。

所以说，要想做好生意还是那句老话：货真价实，童叟无欺。

> **小提示**
>
> 卖家不仅要给买家以放心的承诺，并且这种承诺还要越具体越好。买家不是不聪明，如果卖家只说一点儿承诺，难免会被认为是钻其他方面的漏洞，得不偿失。

7.10　客户使用好评见证

开始讲解后面的内容前，我们要先讲述一个在心理学史上非常著名的心理学实验——阿希从众实验，深刻研究了人们从众行为背后的诱因，了解该实验过程后，有利于理解后面内容的真实目的。

实验中，每7人一组，每组6名实验助手和1名真正的被测试者。分组后，美国心理学家所罗门·阿希（Soloman Asch）给每组7名人员分发印有3条线段（A、B、C）的纸条，让他们判断A、B、C 3条线段中哪一条与标准线段等长。

这个过程一共进行了18次，前6次大家都做出了正确的判断，从第7次开始，实验助手故意出错影响真正的被测试者，实验结果得到了惊人的数据，没有被干扰的对照组的正确率达到99%，而被干扰的测试组的正确率仅为63.2%，并且至少有75%的人有一次以上在他人影响下选择了错误答案的行为。

这样的实验在后来很多年又在不同国家进行了很多次，得到的实验结果也没有太大的变化。

大约只有1/4的被测试者能始终保持独立性，无从众行为。

约有15%的被测试者者平均做了占总数3/4的从众行为。

所有被测试者平均做了占总数1/3的从众行为。

有了阿希从众实验的支持，我们便可以知道人们的购买行为很多都是非理智、可引导的，往往会受到他人意见的影响，如此一来，如图7-18所示的某品牌空气净化器的淘宝文案那样，利用消费者这种从众的非理性心理，在淘宝详情页文案中晒用户好评，增加说服力，逐渐成为一项重要内容。

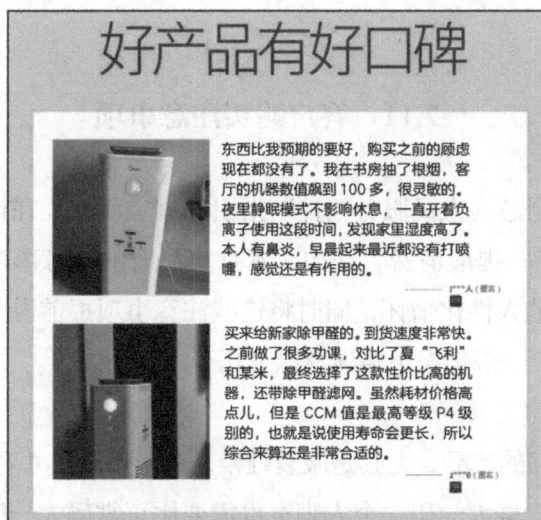

图7-18 某品牌空气净化器的淘宝文案

同样的原因，买家评价管理也是重要的，尤其是被放在顶端的前几个晒图评价，很多人在移动端都有不仔细看宝贝详情而直接看带图评价的习惯，因此卖家对买家评价进行管理是留住客户非常重要的一个环节。

为了很好地管理客户评价，卖家一定要注意与买家通过旺旺或电话做好沟通，时常进行一些好评截图支付宝返券的活动也是必要的。

说白了，之所以要在淘宝的详情页文案中使用客户见证部分，是为了达到两个目的，第一是吸引，第二是信任。要尽力为消费者营造一种产品很受欢迎、大家对这款产品评价都很好、产品用起来很放心的氛围。展现形式建议尽量用图片表达，如旺旺截图、销量截图、用户反馈截图等，越立体化越好。

在店铺的起步阶段是暂时没有必要做客户见证部分的，毕竟此时的销量比较令人尴尬，用户见证部分做得再好也是没有几个人会相信的，反倒有可能会让人产生这家店铺存在欺骗行为的疑心，等到产品销量达到一定程度时再做也不迟。

为儿童用品写文案也是如此，孩子只关注产品是否好玩儿，但他们不具备付费能力，而要说服他们的父母，就不能只强调好玩儿，还要强调安全，孩子在玩的同时还能学到东西，等等。典型文案为：陪伴孩子的益智玩具，父母不在家时可以陪伴孩子，还具有静音功能，父母劳累时可以在一边小憩，互不干扰。

利用这种情感写成的文案，虽然每次都会变换一些花样，但每隔一段时间都会卷土重来一次，并且每次还都很有效，类似那些经典的喜剧片或惊悚片片段，屡试不爽。

7.11 客户购买注意事项

作为"全心全意为人民服务精神"指引的淘宝卖家，在详情页的适当位置放置"温馨提示"，提醒消费者在购买本款产品时的注意事项是必要的，这不仅是在体现卖家的人性化情怀，同时将这些注意事项提前说明有利于减少售后服务工作的压力。一般情况下会涉及以下几个方面的内容。

1. 尺寸

销售体验性强的产品，尤其是服装鞋帽，讲明用户尺寸对比情况是重要的，如运动鞋需要比皮鞋大一码，个人脚宽也需要比正常码大一码，等等。否则用户买了后不合适，需要退货，那么处理起来会很麻烦。

2. 发货时间

京东快速发展脱颖而出的一大秘诀是什么——自建物流，由此可见消费者对收货体验的重视，这也是客户评价中很重要的一条，如果客户购买商品当天还没有发货，简直是不能容忍的。所以，提前对一些意外情况进行说明，就显得有必要了。

3. 配送

有些比较挑剔的消费者对配送物流的选择是十分在意的，他们只想用顺丰；还有一些消费者由于所处位置比较特殊，需要特定的物流服务才能邮递到，等等，都要加以说明。尤其是当选择不同邮递方式还有可能产生不同的邮费时，更要提前说明，如果付款时再说明，那么极有可能会丢掉订单。

4. 护理事项

衣物、皮具箱包等使用不久就要进行洗涤护理的产品，在注意事项中提及护理方法是必要的，既显得卖家品牌方十分专业、中肯，又可以让消费者在使用过程中遇到问题时回过头来查看，增加用户黏性。

注意，关于客户购买注意事项要放在淘宝详情页文案中什么位置，目前是没有一定之规的，全凭文案人员随心操作，通常情况下是会放在页面的顶部或中部，放在底部的情况比较少见。但有一条总的原则是不变的，越需要浏览者耐心阅读的内容，越要放到文案的后面；越是浏览者关心的问题，越要放到文案的前面。

小提示

既然我们已经详细阐明在文案中加上客户购买注意事项很大程度上是为减轻客服与售后压力，那么我们在选择整理素材时要多与客服人员沟通，提炼对客户最有价值的注意事项。

7.12　产品售后保修服务

在本书 "7.9 给买家的承诺越具体越好" 中，我们曾提到过卖家对消费者的零风险承诺，但限于篇幅没有展开讲述。下面，将重点讲一讲如何在淘宝详情页文案中体现产品的售后保修服务。

产品的 "售后保修服务" 其实可以分为售后和保修。现在普遍流行的规则是 7 天包退、一年保修，但正因为这条规则已经成了所谓的普遍规则，几乎所有的淘宝文案中都会写，如果你还是只将这几个字写在文案上，对消费者是没有过多吸引力的，要有一些变化。

图 7-19 所示是某品牌皮鞋的淘宝文案中关于退货流程的介绍部分，不仅写明了退货需要满足的条件"收到货后 7 天内、不影响商品二次销售"，还画了一张十分简明的流程图，十分逗趣地对两个"5 分好评"进行了标注，让消费者看过后有据可查、心中不慌。

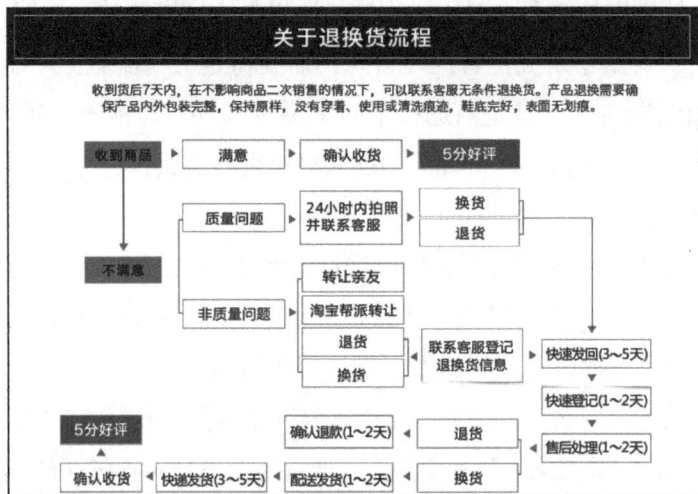

图7-19　某品牌皮鞋的淘宝文案

如家电这样经过较长一段使用时间才能发现问题的商品，保修承诺自然是必要的，往往承诺"家用一年保修""商用 3 个月保修"。当然，商家也不会完全在这一点上坐以待毙，也会对保修条件加上限制，如网购电磁炉产品时我们往往会看到这样的限制：①面板及配锅损坏不在保修范围之内；②保修过程中，来回运费需要由消费者承担。如果真的是使用了近一年才发现问题，同时又是电磁炉这种价格并不十分高的产品，再加上这两个条件，消费者选择送修的概率是不大的，但承诺肯定也是不能少的。

小店铺还好说，特别是大品牌，产品的售后与保修服务往往是公司业务中很重要的一环，需要很专业的团队来运营。小店铺虽然暂时在财力和人力资源配置上尚不能达到较高的程度，但也要重视起来。

7.13　产品品牌特色与品牌背书

管理学认为达到用文化管理企业才是最好的境界，卖产品又何尝不是如此呢，当你的品牌特色——商标、品牌形象、产品理念、企业文化都能成为你的卖点时，想使产品不热卖都是有点儿困难的。

但也许有人说，提倡企业文化都是大企业的专属权利，小企业连生存都有困难，哪有什么精力去搞这些东西？这是非常懒惰和危险的想法，试问哪个企业不是由小到大发展起来的呢？但又有哪个企业是成为巨头后才开始建设企业文化的呢？

总之，要趁早寻找品牌特色，让用户尽早对品牌有印象，有利于以后的营销工作。图 7-20 所示为锤子科技产品的文案，"漂亮得不像实力派"已经成为锤子科技产品的标准宣传文案，从第一代产品开始沿用至今，后面的产品就不需要文案人员每次都挖空心思去想淘宝文案了。

图7-20　坚果Pro淘宝文案

相比品牌特色，品牌背书则显得"高大上"了一些。先来解释一下品牌背书的含义，即一个品牌为了借用第三方的信誉，来增强自身在市场上受欢迎程度的行为，这种行为对于期望打开市场的新产品而言显然有着非常重要而积极的作用。举例说明，像海飞丝、飘柔这些洗发护理品牌，背书的是宝洁集团；很多人都知道的贵州茅台，带火了贵州酒的概念，很多小酒厂便利用贵州酒这个概念，用茅台的名气来为自己背书，用以获得一部分消费者的关注。

更经典的案例是当年王老吉一战成名，甚至市场占有率一度超越可口可乐的过程，最初王老吉凉茶只是一个地方性品牌，但策划者就是抓住了凉茶这种商品在广东人心目中的地位来为品牌背书。

如果你在淘宝店铺上售卖的产品也可以找到这样的背书者，何乐而不为呢？也并不是每一个品牌背书都需要"大动干戈"，依自己的实际水平与产品特性深入发掘，总是能找到的，如你是卖荔浦芋头的，至少还可以找到电视剧《宰相刘罗锅》中的桥段来为产品背书。

　　品牌背书的另一个经典模式是客户见证，这一点倒不一定是像本书"7.10客户使用好评见证"中利用买家评价展示商品的优势特点，还可以利用比较权威的第三方评测机构来评测产品，利用这家机构在消费者心目中的公信力、影响力来为品牌背书。

小提示

　　利用比自己的品牌更受欢迎的品牌进行背书，是快速提升品牌影响力的方法之一。

CHAPTER

08

第8章
淘宝促销型
文案写作技巧

通过前 7 章的理论学习，我们已经具备了"纸上谈兵"的技能。从第 8 章开始，我们将针对每一个日常高频应用场景讲述具体情境下文案的写作技巧，涵盖促销型、宣传型、互动型、观点型 4 种主流文案。

8.1 价格折扣促销文案

价格是促销利器，在淘宝店铺促销文案中，价格折扣也是常用的手段之一。不过，由于现在市面上打折的商品太多，很多买家对商品打折都有了免疫力，有些人会觉得卖家本来就将商品原价定得很高，因此打折与不打折是一样的，还有些人会认为打折商品的质量会差一截。为了避免让用户产生这种顾虑，卖家在进行促销活动时，其文案内容必须消除买家的顾虑。

常见的价格折扣促销文案有两种方式，一种类似"促销区产品原价 150 元，现全场 6.6 折 99 元"；另一种类似"花费 150 元立减 50 元"。虽然这两种方式都是在做促销，给买家让利，但是它们给买家的感觉不一样，第一种是将 150 元的商品打了 6.6 折后的价格，买家会认为该商品本身就是 99 元。而第 2 种折扣方式会让买家认为自己花了 100 元买到 150 元的商品，因为这次折扣是买家自己换购得来的，如果直接购买还是 150 元，这样一对比，自己就相当于省下了 50 元，虽然这种折价等同于给商品打 6.6 折，但却是在告诉买家"我的是真实优惠而不是折扣价格"。

因此，买家对以上两种价格折扣促销文案更愿意接受第 2 种促销方式，他们会认为第 2 种优惠力度会更大一些。但是仔细算一算就会发现，实际上第 1 种优惠方式比第 2 种优惠方式的优惠力度更大——多优惠了 1 元，但买家却认为第 2 种更划算，所以这就是"错觉折扣"策略在起作用。

另外，我们还可以从买家的角度思考。如果商品在促销或有优惠，很多买家会认为这些是滞销品或残次品，所以在这种消费心理作用下，部分买家反而会倾向于购买那些原价商品。买家很可能不会常常光顾经常开展促销活动的店铺，因为他们无法对该店铺的产品产生足够的信任感，当然也就不会购买店铺里的商品。所以，相比打折，很多买家还是倾向于实实在在的价格优惠，就像前面提到了 100 元换购 150 元商品的促销方式。

"错觉折扣"会带给买家不一样的感觉，让买家认为自己的确是花更少的钱买到超值商品。图 8-1 所示是欧乐 B 电动牙刷在"520"活动期间做的促销活动，通过"立减 50 元"，让买家真真切切地感受到价格优惠。

在"错觉折扣"促销文案中，临界价格是常用的手段之一，它是以某个限定额度为准而进行的促销活动，促销技巧就是利用买家的错觉，如 1000 元改成 999 元，这种错觉能激发买家的购买热情，促进完成购买交易。

临界价格通过将商品限定在某个范围，而这个限度能让买家产生最大满意度，就更容易完成交易，实现促销目标。一般来说，淘宝卖家常用以下 2 种临界价格促销的方式，如图 8-2 所示。

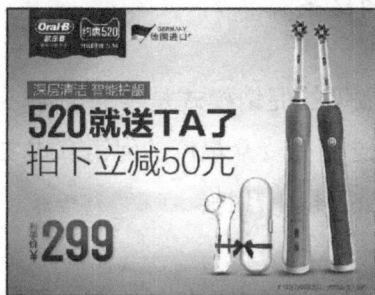

图8-1 欧乐B电动牙刷的"520"促销文案

图8-2 临界价格促销的方式

1. 最高额临界促销

最高额促销是将商品的最高价格限定在某个高点，买家可以在该点以下任意选择，如 99 元封顶、最高 9999 元等。比如，某买家本打算以 150 元的价格购买一件衬衫，但网店的临界促销价格是 99 元封顶，也就是说买家最高只需是花费 99 元即可购买一件衬衫，这与 150 元的消费预算相比低许多，这是买家愿意看到的结果，会促使其毫不犹豫地在你的网店购买。这是临界价格产生的心理错误，驱动买家购买商品。

2. 最低额临界促销

与最高额临界促销相反，最低额临界促销是以某个最低价格为限度。比如，部分春装新品单件最低 49 元，而该网店的单件服装均价在 300 元以上，那么低价商品对买家当然有很强的吸引力。另外，如"消费 1 元即可成为本网店会员""新品特价区最低 5 折"，这些促销手段均属于最低额临界促销。使买家的消费心理限定在某个低位阶段，吸引买家进店浏览宝贝，这就是最低额临界促销。

如果淘宝卖家想要通过价格促销活动达到比较理想的效果，就要从买家心理出发，将明码标价的折扣更换为"错觉折扣"，有时"错觉折扣"要比直接将价格打折的利润略高一些。当然，如何设定具体的折扣方法，要根据淘宝店铺的实际情况确定。

在价格折扣促销文案方面，降价促销的价格策略还有很多种，如"超值一元""阶梯价格""降价加折扣"等，这里就不再一一赘述了。当然，针对价格的折扣手段还有更多的展现方式，淘宝卖家需要针对自己的店铺和商品的实际需求，制订更为灵活的价格折扣方式。

8.2　奖品促销文案

与价格促销相对，我们生活中另一种常见的促销模式是奖品促销，原价销售并且有赠品，相当于变相给了消费者优惠，是受众最广的促销方式之一。

目前在互联网上比较流行的促销方式主要有以下几种。

1. 百分之百有奖型

这种方式在当年啤酒等饮料产品推广时用到得最多，打开瓶盖，不是印有"再来一瓶"就是"1元钱"。如今，这类的促销方式已经很少见了。不过，这类促销方式被很多国际品牌做了优化，如2017年饮料品牌雪碧就曾在淘宝和各大渠道上推出"一二三四五，上山打老虎。五四三二一，抽到电视机"的文案，"喝雪碧赢百万好礼"的优惠力度刺激了不少人的购买欲望。

当然，在淘宝店的实际运作中，百分之百有奖这种形式未必是通过抽奖来发放的，还可以是进店领券这种形式，凡是进店者均可以领不同金额的代金券，代金券的使用额度再与商品价格设定相互配合，这种操作本质上与百分之百有奖无异。

2. 1元抢购型

选几款比较适合大众口味，同时商务成本又不是过高的货品，以1元甚至更低的惊爆价卖出。这种促销方式在这个单品上肯定是亏损的，但主要目的是吸引流量，用连带方式刺激利润较高的商品的销量，如果控制得好，整体盈利情况并不会变差。

3. 定额满减型

现在即使不是电商促销节日，各大电商平台也随处可见"买6瓶赠一箱""买一赠五"这样的促销标语，虽然那些小赠品价值含量不高，但由于往往是消费者会关注、需要的周边产品，会很容易讨他们欢心。

4.加量不加价型

该方式常用于饮料及小包装商品，同样的口味、价格，这种加量不加价的商品，对消费者的吸引还是有不少提升的。

以上 4 点是我们日常生活中常见的、直接给奖品的促销文案类型，效果很直接，但往往没有连续性，促销结束后新顾客变为老顾客的转化率并不高。正是出于这种顾虑，在营销活动中往往有不直接给奖品，而是让消费者通过一定互动与品牌建立"情感联系"之后再奉上奖品的促销方式。主要包含图 8-3 所示的 3 种类型：抽奖式促销、互动式促销与优惠券促销。

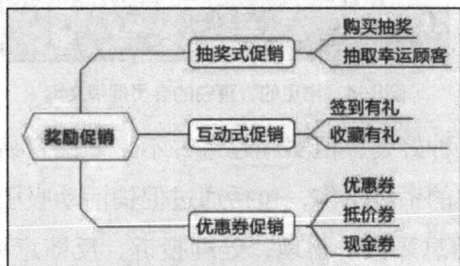

图8-3　奖品促销主要的3种类型

这 3 种方式在如今的淘宝店铺营销中也是很常见的手法，试问有谁不曾在淘宝上抽奖、签到、领券，想必大多数消费者都做过。这 3 种方式是比较时髦的方式，强调用户与品牌店铺之间的互动，但前提是互动一定要设计得非常有趣、易进行，否则消费者是没有耐性进行下去的，还没有"建立感情"就已经不耐烦地将你抛弃了。

> **小提示**
>
> 虽然大多数人都喜欢领奖品，但大家对突如其来的奖品是有防范心的，所以送奖品最好要做到"师出有名"，如借助节日等；还有一点便是为奖品付出的利益一定要计算好，做生意总得不偿失是不能长久的。

8.3　会员促销文案

如果能将通过各种方式吸引而来的消费者转化为会员，那么将来产生多次交易的概率会大大提升，因此会员制成为现代企业顾客管理中普遍存在的一种营销模式，如图 8-4 所示。典型的便是各种超市购物卡会员，通过让利优惠、积分优惠、特定商品价格减免等促销活动将周边人群吸引为超市会员，以后他们来连续消费的概率会很大。

图8-4　常见的、直白的会员促销文案

虽然会员制有各种好处，但实施起来并不是一件容易的事情，是一套精准化、精细化、场景化的系统工作，包括通过促销活动吸引流量到店面，会员注册流程设计，会员信息采集、整理，处理投诉、反馈意见，等等，流程烦琐，细节众多。一般而言，想要做好会员促销，需要从以下几个方面着手。

1. 优质服务

无论是线下的超市会员、线上的视频网站会员，还是其他任何行业的会员，消费者之所以愿意成为你的会员，是希望能长期享受你提供的优质服务，这是他们选择成为会员的基础，也自然是商家进行会员营销的关键。如果你的客服响应时间、服务质量、业务水平不能让客户实现超预期的享受，那么就需要改善。

2. 服务前置

这是线上销售的一大便捷之处，通过专业客服软件可以直接向客户提示，也能很方便地记录客户咨询时间，查看客户资料、下单情况等信息。虽然现在还不能实现每一家店铺都对客户实行个性化推荐，但这是趋势，尤其消费者在通过旺旺与卖家联系时，卖家可以根据这些信息手动为买家推荐一些产品。

3. 信息推送

既然通过活动好不容易获得了大量消费者信息，那么对会员进行信息推送时就不能留死角，在短信、邮箱、微信等渠道上要时常根据他们兴趣的变化为他们推送可能感兴趣的商品信息。不过这种推送也要克制一些，过于频繁会引起会员的反感。

4. 让利不能吝啬

如果商家是以满减、优惠券等形式作为会员活动，千万不要将规则设定得太复杂，消费者会嫌麻烦，最好是小面额优惠券下单即可用，大面额优惠券的条件设置也可以让消费者轻松凑单。

以上讲解了如何做好会员促销文案，另外要避免如下几个误区。

1. 门槛设置过高

会员注册最好是免费的，即使购买会员资格，也要让买家直接享受优惠服务，如图 8-5 所示。在门槛设置方面，尤其是金额设置上不要过高，否则会让很多消费者望而却步，聚沙成塔才是法则。

图8-5　对会员让利要直接可见

2. 忽略广告传播

研究发现，虽然一些企业也认为会员业务是一个不错的方向，但其会员推广力度却没有达到相应的高度，结果导致其会员业务知名度不高，效果欠佳。

3. 服务止于表面

既然是会员，那么势必在服务上要比普通消费者多一层享受，一对一的人性化深度服务往往是典型形式，绝不能止于表面，需要与普通消费者加以区分。

总之，虽然会员促销是促销，但最终还是为了长期留住成为会员的消费者，万不可抱着"一锤子买卖"的心态来进行会员营销。

8.4　年龄促销文案

每个人在社会上生存都需要有一个明确的身份认知，从而在社会体系结构中寻找定位，继而形成心理上的安全感和一些大众普遍接受的行为规范，而其中最主要的身份标签便是年龄。

中国人常说"到什么岁数，做什么事儿"，当以年龄为要素写促销文案时，这一点同样是适用的，能将孩子吸引来的文案往往是欢乐的动漫人物，即使配上文字也是"小鬼当家"，当然在下一页还要为父母写上"十分安全"；如果是给老人写，当然就不能用动漫了，健康长寿才是他们喜欢的词语。

写年龄促销文案的成功案例莫过于脑白金。作为史玉柱创业失败后东山再起所倚重的作品，主打老年人市场的脑白金在宣传文案上可是下了不少功夫，老年人市场自然在年龄方面是一个突破点，最后"孝敬爸妈，脑白金"在全国妇孺皆知，不知道送父母什么礼物的子女们很多都选择了脑白金，父母看过后也非常高兴，皆大欢喜。

不过我们发现，虽然脑白金一直以来宣扬的功效是"帮助中老年人改善睡眠、润肠通道"，但真正在广告宣传上，尤其是在 CCTV 登视频广告时，脑白金都是图 8-6 所示的那样，用非常小的字体来弱化"帮助中老年人改善睡眠、润肠通道"的产品特点，主打的一直是针对老年人需求的"年轻态 健康品"。

图8-6　脑白金产品的淘宝文案

小提示

年龄促销文案其实本质上是唤起人们的身份认同，无论是对他（她）自己，还是对他（她）作为孩子、父母等身份。

8.5　性别促销文案

除了年龄因素，在现代人的身份标识中，还有一个非常重要的基本因素——性别。

女性与男性相比，不仅在喜欢的东西上存在差异，心思也比男性更缜密，所以性别促销文案不仅在内容上要注意，行文技巧上也要拿捏准确。

譬如文案内容一定要具有真实性，大多数女性都喜欢听甜言蜜语，但也痛恨别人骗她们，所以一定要把握好尺度；对功用的表达要大于技术，大多数女性更关心买了产品后能得到什么功效；再有便是效果要具象化，女性比男性更感性，但偶尔想象力会差一些，所以效果一定要具象化，如当年 iPod 推出时，就说"把 1000 首歌装进口袋"，没有什么描述能比这个再好了。

除了正面影响，还可以反面刺激。尤其在互联网上很多词汇是自带情绪的，男、女这两个字也不例外，近年来商业社会变化所带来的男女平等意识兴起就已经为很多刷屏机的促销文案提供了太多的素材。

当下很多女性都在情绪上存在"平权诉求"，典型的便是追求属于自己的平等价值的心理，这种心理在辛苦工作之余还被各种生活琐事缠身时会显得尤其强烈。

很多品牌的推广文案正是因为击中了这种心理而被广泛传播，如百合网曾利用女性的这种心理写出不少传播非常广的文案，它并没有向大众宣扬百合网是如何具有优势，而是引用了一名未婚女性说的话：我不想为结婚而结婚，那并不会过得快乐。这一系列文案在春节前发出，迎合了相当多的女性害怕春节回家期间被催婚的心理，取得了很好的传播效果。

8.6　情感促销文案

经常看《动物世界》的人也许会发现，相比其他动物，人类最大的区别在于人总有情感诉求，并且随着个人际遇的不断变化，情感诉求也会做出相应变化，而不像其他动物基本上除了觅食和繁衍后代就只剩下了睡觉。

此外，人的情感诉求也会因外部的变化而变化，在当下浮躁的、充满竞争的社会环境中，很多人"遍体鳞伤"，需要感情上的慰藉。如图 8-7 所示的某抽油烟机的文案，虽然这种慰藉并非来自真实的人而是来自拟人化的产品，但只要说得恰当，同样能给浏览者带来巨大的满足。

不过，实话实讲，前面这种"暖男"风格的文案已经越来越不能引起浏览者更强烈的情绪，因为已经有太多品牌选用了这一方式，消费者看得多了，自然不容易再提起兴趣，所调动的情绪也不够激烈。那么在营销上，什么风格的文案才能激发人们剧烈的情感呢？

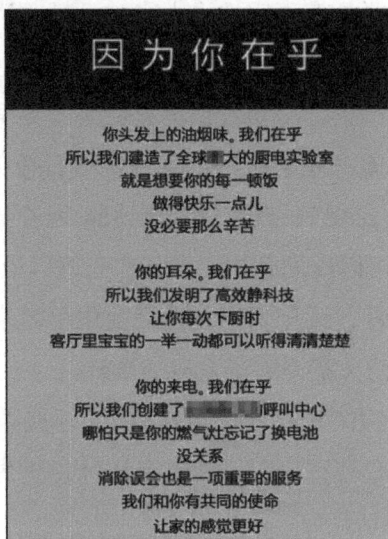

图8-7　某品牌抽油烟机的文案

1.控制感

对自身的控制感是人的基础情感，如果被剥夺，大家肯定想着要再夺回来。由于这种心理普遍存在，所以只要积累到一个点，便会流行起来，屡试不爽。虽然很多人明知道那只是一场短暂的梦，但还是情愿沉浸在其中。

2.怀旧

现代商业社会的一大特点便是快速变化，一个大学生往往毕业没几年其身份就发生了相当大的改变，从学生变成了白领，甚至是妻子或丈夫，仿佛没过多久就世事变迁，让人有一种深切的"不连续感"，所以怀旧成了一种刚需。

不只是每年的毕业季都会掀起一股怀旧风，连作为大众传媒的电影每隔一两年也会出现一部主打怀旧风的"爆款"电影，《那些年，我们一起追过的女孩》《致我们终将逝去的青春》《同桌的你》《我的少女时代》等，怀旧风蔓延，电影如此，文案自然也可以借助了。

像音乐制品、图书这些比较容易引起怀旧情怀的商品则不再举例，图8-8所示是某品牌俄罗斯方块游戏机的淘宝文案，主打卖点便是满足80后、90后对于儿时游戏记忆的怀旧，"岁月如歌，难忘曾经"，花20元体会一次曾经的美好与纯真是相当值得的。

总之,利用怀旧情怀主要围绕两点:第一,要明确想要消费者做什么;第二,还要明确你想要消费者做的那件事,和他们过去以什么身份做过的什么事情是类似的。将两者提炼出来便可以写出情感促销文案。

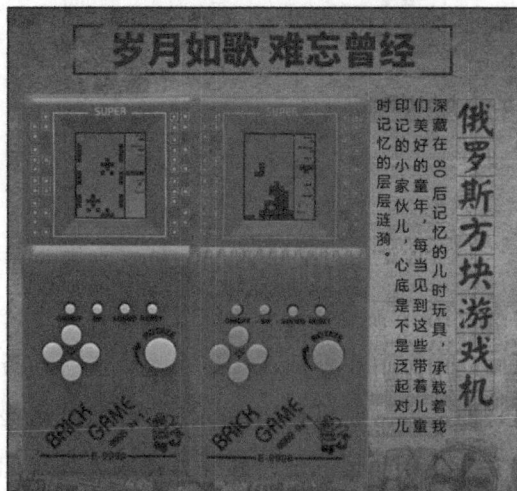

图8-8 某品牌俄罗斯方块游戏机的淘宝文案

> **小提示**
>
> 话说回来,几乎所有文案理论都在鼓励卖家进行情感促销,可是成功的人寥寥无几,因为实践比理论重要。

8.7 摆设促销文案

提到摆设促销文案,笔者头脑中最先浮现的不是各种营销理论,而是一则在营销圈、文案圈曾经流传很久的笑谈。当年一则路边水果摊短短 4 个字的促销文案"甜过初恋",如图 8-9 所示,令多少大企业、大制作黯淡无光,网友纷纷评论"什么营销知识、4A 理论都白学了"。

此文案的走红确实让我们反思摆设促销文案所能得到的重大作用,寥寥数字就能轰动网络社会,其中还是蕴含着巨大的能量的。

摆设促销方法的要点有 3 个:一是摆的是什么,二是摆放技巧,三是文案。

第一,明确摆的是什么,这是根本,你必须确保商品是消费者真正需要的,那么通过商品促销、品牌推广等方式才有可能将消费者吸引过来并产生购买行为。

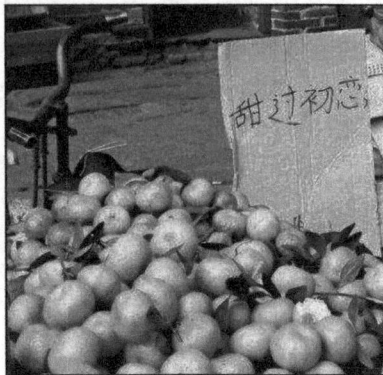

图8-9　曾红极一时的"甜过初恋"文案

第二，摆放技巧。想开好一家店，如社区超市，要学会的第一件本领是什么？答案是摆放商品。千万不要小瞧这一点，超市进行业务培训时一项主要的课程便是学习如何整理货架，要将利润最高的产品放在最显眼的位置，质量差异大而外形相同的货物放在一起销售，等等。商场、超市如此，淘宝店铺也是如此，虽然淘宝店铺中没有货架，但宝贝所处层级、位置却是卖家可以控制的，商场、超市实战中所总结出来的经验，在淘宝店铺的经营中同样可以用得上。

第三，文案技巧。虽然文案被排在了第3位，但它同时也是点睛之笔，好比一壶水，经过前两步的铺垫已经烧到了99℃，而文案则是那最后的1℃，看似没费什么工夫，但加上后便可以达到效果。如果没有前面的99℃，加上1℃后也起不到太大的作用；如果没有最后的1℃，只有前面的99℃，同样不能达到效果。

8.8　包装促销文案

本章前面我们讲了年龄、情感这些比较虚拟化的概念，后面要具象化一些，说一说包装促销文案。

我们生活中常见的包装促销文案，其主要目的是凭借比较突出的包装使商品在陈列架上或网页展示中显得突出、有异于其他产品，进而获得消费者注意、满足消费者预期，实现买卖行为。

当然，有不少商家在产品包装规格上动脑筋，尤其是粉末或颗粒状产品，如果采用罐装，一个很大的问题就是不利于保存，每次的量也不好掌控。而商家可以通过改变包装规格的方式售卖产品，每次一包，便于保存也便于消费者控制量。图 8-10 所示的两种不同包装规格的红豆薏米粉，在价格、效用相同的情况下，你会倾向哪一种呢？

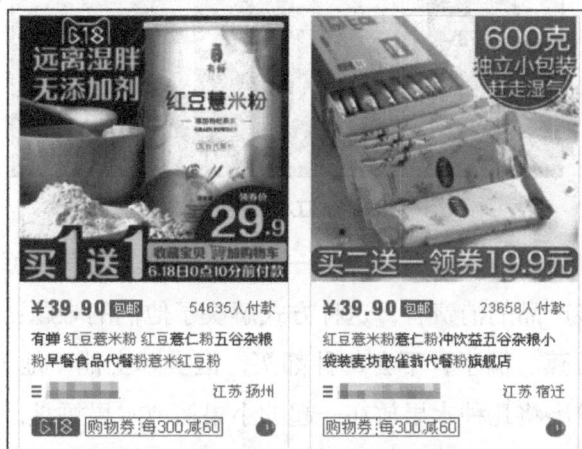

图8-10 两种不同包装规格的红豆薏米粉

程度深一层的包装促销，体现在鲜花的销售上。同样是鲜花，在同等品种、数量的前提下按盆卖的价格肯定比不上为求婚、婚礼按束卖的价格，因为按盆卖花时，鲜花是杂乱无章地放置，且没有任何精美的包装；而按束卖花时，鲜花不仅按序摆放，而且还有精致的外包装。鲜花价格之所以价格上升是二次包装的结果，如果不是花店老板将它们从花盆中取出，进行二次包装，它们又怎么会具有见证爱情的意义呢？

说到将鲜花赋予爱情的意义，你是不是也会想，当初是怎么将这个意义赋予在它之上，而这种意义是否可以革新呢？回答当然是可以的，如以往我们在包装上，赋予白酒的意义有"真汉子""喝出男人味"等，很多年沿用这个风格，但这种包装风格能不能改呢？结果江小白将它改了，并获得巨大的成功。

虽然是高度白酒，但江小白在包装上不再主打"喝出男人味"或哪个帝王将相曾喝过之类的话，而是变成一个文艺青年，包装上印的都是"我们总是对着过去侃侃而谈，对于现在却无话可说""我在等一个也许永远也不会来的人""陪你去走远方的路，是我深深的套路"之类的话，如图 8-11 所示，据说一共有 48 种个性语录"为你表达为你发声"。尚不用品酒，仅凭包装，很多消费者便爱上了江小白。

图8-11　江小白特色包装

还有一种包装促销方式不能忽略——搭配销售。尤其是每次购买量都不大但又想尝试更多产品的消费者，这种方式解决了他们的难题：一个人，想吃水果，买苹果、香蕉、橘子，不会每种都买，但实际上他（她）又想口味均衡，如果水果店能推出将几种水果放在一起的小果篮或水果拼盘，即使价格稍微贵一些也会有不少人前来购买。

最近几年凭借电商渠道迅速崛起的坚果品牌三只松鼠也是如此，除了讨年轻人喜欢的有趣包装，每次消费者从三只松鼠那里买的几乎都是套餐，以满足自己或亲朋好友的不同口味。

小提示

总的来说，利用包装促销无非就以上两个方面，要么是通过新的包装形式让用户用起来更方便，要么是通过包装使产品看起来更有格调，只要将这两点把握好，就足以打造出一个受大众欢迎的品牌。

8.9　店铺广告促销文案

一旦做活动或参与到一项大的活动中，店铺广告的促销文案就显得尤为重要。这时仅靠品牌的一条广告语是扛不住剧烈竞争的，还要针对不同时节、不同消费人群、不同价格预期的消费者投放具有"狙击"效果的文案。

如针对时节，我们可以写"炫彩季节，酷出个性""炫丽夏日，炫彩服饰""新鲜六月，新鲜生活"；主打让利，我们可以写"百万好礼，喜迎中秋""十万张赠券，百万元礼金"等广告语。

注意，如果你真的将以上这些广告语写出来送给老板审核，想必你会得到这样的反馈：这文案不行，没有煽动性。

那么符合老板预期的"煽动性广告促销文案"是怎样的呢？你可以考虑以下 2 种文案。

1. 特价促销

店铺参加大型活动，如"双十一"，往往要推出各种各样的促销活动，即在活动期间以很低的价格促销一款商品，往往促销效果很好。

既然是特价促销，最主要的效果是要给顾客以时间上的压迫感。淘宝店铺同样如此，各类特价促销中的精髓还是可以借鉴的。

2. 领券

相比特价促销，领优惠券则是一种比较温和的方式，如图 8-12 所示，虽然它并不能给消费者造成时间上的紧迫感，但也正是因为这一点，可以帮助店铺留下没有成功购买特价产品而浏览店铺的消费者——商品不错，虽然没有"特价"，领个券买回来也是不错的。

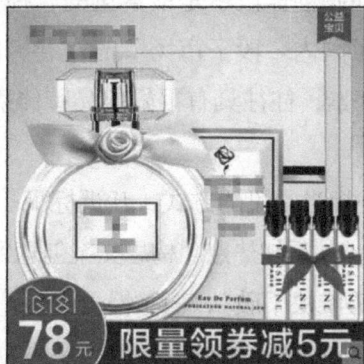

图8-12 淘宝上利用领券进行促销的一款化妆品

同时，由于抵价券的有效期较长，即将过期时可以对消费者进行提醒，无形中使消费者对店铺保持关注，这一点对促使其进店消费有相当大的益处。

8.10 媒体广告促销文案

虽然淘宝文案大部分应用场景都是在淘宝平台之上，但事实上淘宝店铺更多只是向用户展示商品并完成付费流程。想要获得高销售量就不能偏居淘宝一隔，要在媒体广告中宣传自己，吸引流量。且不说淘宝店铺应该这样做，整个淘宝平台又何尝没有在这样做呢。

随着时代的发展，媒体广告的分类也越来越多，如传统媒体广告（电视、广播、报纸、杂志）与新媒体广告（网盟、视频贴片、微博、微信、新闻客户端以及自媒体）等。可千万不要小瞧这些分类，每一种类别的媒体广告背后都有自己的一套独立逻辑，简单移植是不可能玩儿转的。

讲解不同种类媒体广告差别之前，我们要回顾一下广告的本质：广告本质是以商业目的为结果的信息传播载体，商业目的是结果，传播是过程，创意是手段。

在新媒体、社交媒体广告时代，为了吸引消费者就必须使广告充满娱乐性和趣味性，只有这样才能引起转发，而通常情况下，所谓的新媒体广告中娱乐性和趣味性通常以如下手段展示。

1. 好玩儿的段子

和所有在淘宝上售卖的产品一样，每一种新媒体产品也都是有明确定位的，想要在新媒体平台上取得比较好的传播效果，首先要使所有内容符合该平台的定位，如在微博中围绕品牌创作段子是最常见的一种手法，甚至可以说正是由于微博的兴起，才促进了国内"段子市场"的发展。由于段子是软性植入，兼具趣味性、去广告化等因素，往往具有很好的品牌传播效果。

2. 借势凑热闹

如今借势也成为一种相当常见的方式，几近标配。使用这种方法时应注意以下两点：一是要反应迅速，从得知热点、构思文案创意到将文案通过渠道发出，时间绝不能拖长，"天下借势唯快不破"，稍微慢一点儿，用户的目光就已经被其他文案吸引走了；二是虽然时间紧，任务重，但还是要力求文案内容构思巧妙，无论从哪个角度，都要找到事件与自家产品的结合点，生搬硬套显然是行不通的。

图 8-13 所示是昆仑山矿泉水在 2016 年情人节推出的借势文案，借用有新年气氛的剪纸元素，用鸳鸯的寓意表达对新人的祝福，获得很好的传播效果。

3. 讲不一样的故事

除了"喝鸡汤"，听故事也是人们的刚需，大家可以想一想，流传最广的是民间故事还是教科书中的课文呢？好的文案人员就应该是一名讲故事高手，而且要讲与别人的不一样的故事，讲故事的方式也要随着时代的进步而改变，电影化、视频化是目前普遍的追求。

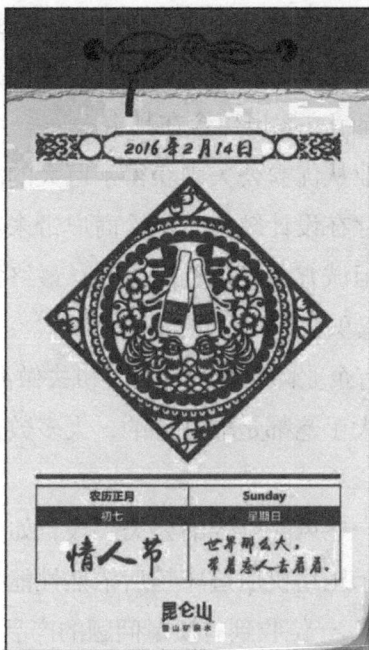

图8-13 昆仑山矿泉水情人节借势文案

New Balance 品牌在成立 110 周年时邀请国内音乐界人士李宗盛拍过《致匠心》与《每一步都算数》两款媒体广告，在媒体上播出之后收到非常好的效果，不仅《每一步都算数》在当年众多媒体的评选中荣获年度十佳广告，文案中的很多话，如"向上攀爬的路，总是从低谷开始""看不清前路，或许正是转折处""别人循着你的脚印，将走出自己的路"，还成为很多人在社交网站上的签名。

小提示

> 当产品在大众媒体上宣传自己时，最有效的方式之一是讲一个令人印象深刻的故事，通过故事来宣传产品与品牌调性，而不是单纯打广告，既然已经有了在大众媒体上打广告的实力，那么一定是到了品牌建设的阶段，单纯的广告语是不能达到品牌建设目标的。

8.11 公关活动促销文案

现代企业注重公关形象已经是不争的事实，稍微有规模的企业一般会在内部设置公关部门，用以维护组织与生存环境间的良好关系。从人情世故上讲，只有越频繁走动关系才会越亲密，企业与公众间的关系同样如此。当下，用户至上的消费环境下，维护用户情感与应对突发事件的公关活动必不可少，以下要重点讲述的公关活动促销文案也蕴含在其中。

已经有相当多的企业从优秀公关中获得了巨大的品牌价值，如大家熟知的海尔砸冰箱，万达拆除存在设计缺陷、未给商户带来实际利益的沈阳太原街万达广场，等等，都是以坦诚方式处理负面影响，最终提升了企业在消费者群体中的认知度与美誉度，累积了难以估量的无形资产。

不过，也并不是所有企业都有魄力、有契机去做海尔与万达那样的大手笔，况且无论是哪家企业，大手笔都是非常态的，大多数企业公关还是通过投放于媒体的文案来实现的。

淘宝店铺只能选择一些风险可控的公关手段，如一家售卖充气床垫的淘宝店铺，可以在文案中展示压路机压过床垫后依然性能如初；当然卖家也可以通过树立榜样的方式，"找"一位收到有质量问题的产品的顾客与自己配合，将其塑造成消费卫士，而卖家兑现诺言包退包换、假一罚十，然后在淘宝文案及评论中加以宣扬，同样是可以促进产品销售的。

那些实力更加弱小的淘宝店，由于自身能力、影响力的限制，其所能做的公关也仅仅是应对客户的差评，不过大家可千万不要轻视这一点，毕竟按照人类的情绪发展轨迹来看，消极因素的影响力永远是大于积极因素的，一个用户的差评可以让你损失 10 单生意甚至更多，而卖家应做的便是通过公关行为尽全力减少差评，所以，卖家要在公关类文案中全力体现出售后服务方面的优势。

> **小提示**
>
> 公关活动促销文案，本质上是为公关活动服务的，所以文案能成功的前提是这场公关活动的出发点能吸引消费者注意，做好活动策划是重中之重。

8.12　节假日促销文案

心理学研究认为，很多人在想做一件事情时，往往会在乎身边人对自己的看法，如果会引起负面情绪，则很可能放弃做这件事情。比如，当我们想疯狂买东西时往往会担心是不是有人认为我们"很败家"，如果答案是肯定的，往往会收敛一些。

如此一来，写节假日促销文案成为文案人员的基本功。一般而言，节假日促销文案主要分为如下 3 个类别。

1. 直接表明优惠

任何词藻华丽的文案都不如告诉消费者能省钱的文案实在，图 8-14 所示的两篇案例，这类文案往往直接用优惠信息作为标题，用所能使用的最大字号标明"全场 × 折起""买 × × 送 × ×"。

图8-14 直接表明优惠型文案

由于消费者十分关心优惠信息，所以写这类文案应该尽量在设置优惠信息中下功夫，文案制作上则没有太多的技巧可言，突出优惠力度，并结合节日特点用节日素材来衬托文案即可。

2. 攻略清单型

根据节假日特色活动，列出各种攻略、清单以迎合消费者的需求，也是一种常见的节假日促销文案，通常投放于各类社交媒体，典型的例子有"国庆假期出行清单""情人节大变身""圣诞节嗨森生活"等。

这类文案的主题十分鲜明，有很强的目的性，创作时能抓住文案中的关键词是重点，只要抓对了关键词，再配合一些相应的节日素材进行搭配，为消费者营造出身临其境之感，往往就容易获得比较好的传播效果，实现刷屏也并不是非常难的事情。

3. 立刻行动型

与本书"**8.9 店铺广告促销文案**"中提到的在促销文案中要为消费者营造"时间紧迫感"的想法类似，节假日促销文案同样需要如此，不仅要告诉用户假期时间有限需要赶紧行动，文案中还要加入动词，传达给用户行动信息，如"国庆疯抢 72 小时""元旦特价机票今天 8∶00 免费抢""世界那么大你需要去看看"等，要调动消费者的行动意识。

通过以上描述，此类文案要注意的事情也就很明显了：要突出动词，同时注重动词与时间素材的结合。

8.13　店庆促销文案

与节假日促销类似，店铺还可以将每年特定的一天变成自己专属的促销节日——店庆日。就一般经验而言，一家淘宝店铺要做好一场店庆活动，需要注重以下 5 个方面。

1. 店庆时间

在选定店庆促销时间时，最好避开有全网性促销活动的时间段，如"双十一"、"'6·18'年中促"及各种促销节日等。一是在这些时间段已经有非常好的营销点，所以应该将店庆日改为缺乏营销话题的日子；二是彼时大家都在拼命做促销活动，即使你叠加店庆也不会显现出更好的促销力度，还是将店庆日改为平常的日子好一些。

2. 店庆力度

常言道"舍不得孩子套不到狼"，既然店铺想通过店庆这种形式进行促销，那么在喜庆的日子就不应该吝啬，应该拿出最大的让利力度，不痛不痒的折扣是很难刺激消费者马上下单的。大一点儿的店铺全场 5 折是常有的事情，而一般的小店铺没有那么多经费支持，可以选择一两款产品进行低折促销。

3. 店庆气氛

实体店做店庆促销时要挂横幅、张灯结彩营造气氛，淘宝店铺同样也要为店庆而"装修"，营造喜气洋洋的节日气氛，如图 8-15 所示，消费者都是感性的，往往会为卖家的这些举动所触动，感情上更亲和，下单的概率也会更高。

图8-15　某淘宝店铺的店庆促销文案

4. 推广渠道

自己做好准备还不够，还要让更多的消费者知道你已经做好了店庆的准备，卖家要告知店庆时间、优惠力度、参与方式，流量是非常重要的。想要获得更大的流量，常见的策略为：在店铺中挑选一两个有"爆款"潜质的商品，设置成最低价，然后购买直通车等推广产品，加上"特价促销"等字眼，不出意外很快就能登上首页。同时，淘宝平台外的信息群发也必不可少，旺旺、微博、微信、手机短信都是必不可少的投放渠道。

5. 让消费者感到实惠

买家买东西都想买得实惠，卖家要想讨买家欢心，就必须要满足这种心理。这一步需要紧密的流程设置来完成，如果设计不好，有时即使一件衣服你赔钱卖 9.9 元并包邮，消费者也会认为没有占到便宜。卖家往往需要公开成本与原价，通过"满 ×× 件包邮""满 ×× 元有赠品"等活动，改变消费者心理预期，让他们产生很实惠的感觉。

> **小提示**
>
> 　　卖家要保证自己在活动进行过程中对控制感的把握，避免出错。如果预先准备的商品在活动中很快售罄或既有方案没有达到预想的效果，卖家要有相应的应对策略。

8.14　服务促销文案

营销学上将通过为目标消费者提供服务进而刺激其消费需求的营销活动称为服务促销，是一种相对简单、高效的方法，常见的手段有以旧换新、样品派送、防伪证书、正品保险、限时送达等，增强顾客信任度，提升重复购买概率。

优质服务既可以是一家店铺的运营之本，同时也可以是一家企业的先锋战略。大家可以回想一下京东是如何从强手如云的电商企业中杀出，成为与阿里巴巴并肩的电商巨头的——正品战略与高效配送立下汗马功劳。

终端消费者的服务促销，可以细分为售前、售中、售后3个阶段。

1. 售前

售前服务的目的是向消费者阐明产品特点，并将尽可能多的信息送达潜在用户，消除他们对产品的顾虑，产生尽快购买的欲望。

常见的售前服务形式，包括在顾客面前展示的商品尽量直观化、免费讲解、导购咨询、免费试用、为潜在用户提供优惠等。

2. 售中

经历售前环节，消费者有意更深入了解产品的性能时，便进入售中服务，此时已不需要大海捞针般寻找消费者，目标既定，需要做的是通过热情周到的服务让消费者在了解产品优点的同时，在精神上心满意足，完成购买流程。

3. 售后

售后服务旨在维持好与顾客间的关系，让顾客成为回头客和宣传产品口碑的"自来水"。常见的售后服务形式有免费送货、3天包换、7天包退、1年保修、技术培训、技术支持等，如图8-16所示。

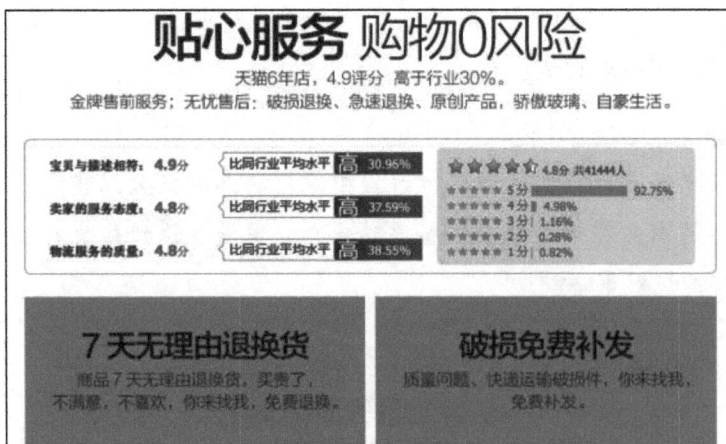

图8-16 某品牌茶杯的淘宝文案售后服务承诺部分

不过大家千万不要被以上内容所误导，服务促销不仅是面对终端消费者的，同时还有针对中间商的服务促销形式，但基本上都是 2B 企业的专场，本书主要讨论 2C 模式的淘宝店，这一点就不展开叙述了。

在明确了服务促销不同阶段的目的后，实施过程中我们还要格外注意以下事项。

1. 明确规范

没有规矩不成方圆，企业为消费者提供的种种服务也必须是有规范可循的、有依据可监控的，这既可以让接受服务的消费者感到放心，同时也便于商家对服务促销进行管控。

2. 宣传很重要

既然你这么懂消费者、能提供这么好的服务，那有什么理由要"藏之深山"不让广大消费者知道呢？宣传还是非常重要的。

3. 承诺的一定要兑现

言而无信是令人反感的，信誉毁于一旦几乎是不可能完全修复的，承诺的服务就一定要做到。

总之，服务促销是买卖双方的互动行为，往往也是消费者在购买商品前最后的一个流程，只要进行得好，通常可以起到临门一脚的作用，极大促进商品购买率的提升。

CHAPTER **09**

第 8 章讲解了有关促销型文案的方方面面，但以我们的日常生活经验便可以轻松判断出，一家店铺仅有促销型的文案是不行的，还需要有宣传型文案。我们在创作促销型文案时要找一些宣传点，那么在宣传自己的产品时要掌握哪些技巧呢？

9.1 风格统一，突出特色

"风格统一，突出特色"这句话听起来有点儿像是在讨论室内装修艺术，如果你真的这样理解，笔者也不是很反对，因为世界上大部分美好的东西都是相似的，好的文案与好的装修艺术之间是共通的。

那两者之间最大的共同点又是什么呢？除了都是为大家带来美感，在技巧手法上也都遵循"风格统一，突出特色"的特点，统一连贯的风格会给人带来稳定的预期，不至于太唐突让人不舒服。

很多文案新手往往会犯风格过于突兀的错误，当他们看到图 9-1 所示的优秀文案基本要素中的"新鲜感"后，往往会产生一些日后看来令自己都哭笑不得的想法，尤其在初次操作时往往还有不自信心理在作祟，结果将自己认为有新鲜感的东西全部找来堆砌到一起，而那样的文案基本上是不可用的。

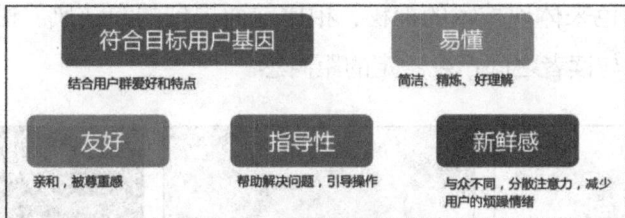

图9-1 优秀文案基本要素

所以我们可以看到，几乎所有的文案人员都会经历这样一个过程：设计得越多，文案风格往往会越统一、简洁，而不是越复杂，想着炫耀一下自己的技巧。

当然，所谓"风格统一，突出特色"也绝不是非要让大家将文案都写得过于简洁，而是文案中所有的元素，如色彩风格、字体、字号、语气、句长等搭配在一起形成的风格要统一。图 9-2、图 9-3 所示的两篇文案，表达同一件事情但风格迥然，一个元素变了，所有其他元素也要跟着变。

无论你是幽默风、卖萌风、咆哮风，还是优雅风、文艺范，本质上都是通过将这些元素和谐搭配在一起所表达出来的。

以上仅举一个例子，似乎显得有些空洞和没有足够的说服力，下面，将以苹果为例，通过不同风格文案之间的巨大差异，证明保持风格统一是一件多么重要的事情。

1. 简洁风格

自从史蒂夫·乔布斯（Steve Jobs）的美学主义通过苹果手机被全世界接受后，简洁风格也影响了全世界的文案设计，甚至还有一部分极简到冷淡的地步。如图9-2所示，这种风格追求利用简单但极致的元素结构，能不搭配额外的色彩就不搭配。

2. 语意学

通过语言的比喻、隐喻手法来将产品特点引申，最好是抽象为人们的甜美的回忆或爱情、奋斗、亲情、友情这些给人带来积极想法的精神感觉，那么与其相对的文案风格也要整体发生变化，如图9-3所示，当夸赞苹果的词语从"真好吃"变为"甜过初恋"时，苹果的摆放和背景深度也相应变化了不少。

3. 科技感

如图9-4所示，当想利用科技感来增加苹果的文案的格调时，色彩搭配上往往要利用黑色来体现技术的神秘，相比前面提到的简洁风、语意风文案，这种文案风格会与读者之间产生一定的距离感。

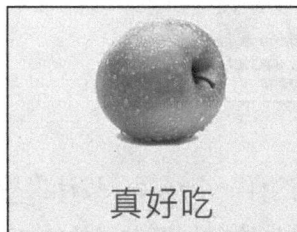

| 图9-2 简洁风格文案 | 图9-3 语意学风格文案 | 图9-4 科技感风格文案 |

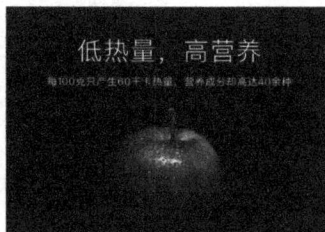

怎么样，通过以上3篇苹果的文案的对比，大家是不是对"风格统一，突出特色"这句话有了更深入的理解，风格统一本质上是所有文案元素的统一。

9.2 做好价值包装，突出品牌优势

为什么同样是做产品，不同厂家底价相似的两款产品，价格却有数倍的差距，一个勉强糊口，而另一个却赚得盆满钵满？这其中固然有做工精细度等问题的影响，但更大程度上显然是来源于品牌价值的不同。

大家都知道，同样是在淘宝上售卖的包包，一些没有品牌的包只能卖几十元，而表面上看着差不多的 LV 包却是奢侈品，上万元一件是常有的事情，这其中几十、上百倍的差距难道真的就是 LV 品牌的包包要在造价上远超出普通包包吗？可能并不是那样，更重要的是 LV 包具有强烈的品牌溢价能力，这才是 LV 包这么贵却还有那么多人愿意买的原因。

通过以上例子，我们可以看出消费者在说自己花很大代价购买产品时，购买理由远不只是产品本身，还有它带来的其他价值，这部分价值越高，商品的售卖价格也会相应增高。

那么面对商机的卖家，应该如何做好价值包装，突出品牌优势呢？可以从以下 5 个方面着手。

1. 衡量标准

价值的高低都是相对一个大家比较认可的衡量标准而定的，我们对品牌进行价值包装，找好衡量标准是必须要走的一步。

有意思的是，当衡量标准被我们巧妙转变后，可以大大提高商品的附加价值。图 9-5 所示的案例，父母给孩子们买的益智玩具，如果只以制造成本来衡量，无非是低成本的塑料和木材，但如果以开发婴幼儿智力为标准来衡量，父母们是舍得花钱的。

图9-5 某品牌儿童积木的淘宝文案

2. 价值对比

当我们要开始对一件商品进行价值包装时，可以先仔细想一想它与哪些现在大家已经认可的商品类似，从而进行价值对比，这样消费者更容易接受。

人们往往在接触一件之前从未看到过的新事物时会产生排斥心理，如果能与某个比较熟悉的事物做类比，那么心理上的亲近感将好很多。

3. 工艺价值

现在大家都在说消费升级、卖轻奢产品，主打的卖点：虽然价格不贵，但制作非常考究。这其实也是在进行价值包装，文案人员甚至还要因此多讲很多的故事。

有关产品工艺价值的文案故事可以是多维度的，如原料来之不易，派专人在深山老林中找了 3 年才找到，或者顶尖专家经过 3 年的技术攻关才研制成功；制作流程极其复杂（如小米手机曾将自己的金属机身制造过程演绎为一段艺术之旅），生产人员是千挑万选出来的人才，连持证上岗三四年的高级技工还要面临一半的淘汰率，等等。

4. 稀缺

物以稀为贵，产品价值同样如此，如果满大街都是一样的产品，又能有什么品牌溢价呢？

所以我们也看到，为了利用稀缺性做强做大价值包装，各个品牌也是"费尽心机"：限量发售、限时抢购及限制人数，方法很多。

5. 精神价值

现代企业营销都认同定位理论，每一款产品都主打一种理念对应一种目标消费者，聚集的往往都是拥有同一种价值观的人，这样用户的忠诚度很高，就像那些年苹果公司一旦发布新品就会有大批果粉彻夜排队抢着花钱。

精神价值的包装则是一个从多角度切入的技术活儿，如成立品牌的价值初衷、为什么一直坚持这样的情怀、曾为哪些名人服务、都是什么样的人在用这款产品、得过什么大奖、粉丝使用它时发生过什么故事等，角度很多，但一定都要唯美、感人，并从品牌观念角度出发。

小提示

对产品进行价值包装与对消费者进行价值指引是品牌建设的重要节点，而完成品牌建设又是实现产品溢价的重要步骤，由此可见这一步的重要性。

9.3　注重 SEO 优化，使宝贝排名靠前

大家经常能听到 SEO（Search Engine Optimization 的英文首字母缩写）一词，意为"搜索引擎优化"，是通过多种手段对网站进行站内外优化，提升搜索引擎亲和度进而提升曝光度的方法。同理，我们在撰写淘宝文案时，也

要兼顾对淘宝引擎的 SEO 优化思维，使宝贝排名靠前，进而提高曝光度与转化率。

既然 SEO 优化这么重要，那么究竟是什么因素在影响 SEO 排名结果呢？

1. 搜索相关性

这一点毫无疑问是大家都能想到的，既然卖家想卖这件产品，从标题到文案内容必须包含这个关键词让引擎抓取。这也是消费者能从淘宝中搜到卖家的前提。需要注意的是，卖家一定要利用搜索工具去挖掘可以被买家搜到的相关关键词，而不是单纯凭自己的经验和想象划定，因为消费者往往不像卖家想的那样。

2. 类目相关性

有些商品的类目比较多，如图 9-6 所示，裤子这种产品的类目就非常多，分类众多，四级可能都不能满足它，因此我们发布宝贝时就需要选择一个最适合这种产品的类目，详细一些才比较容易被搜到，除非你有自信，实力强大到不惧怕所有对手。

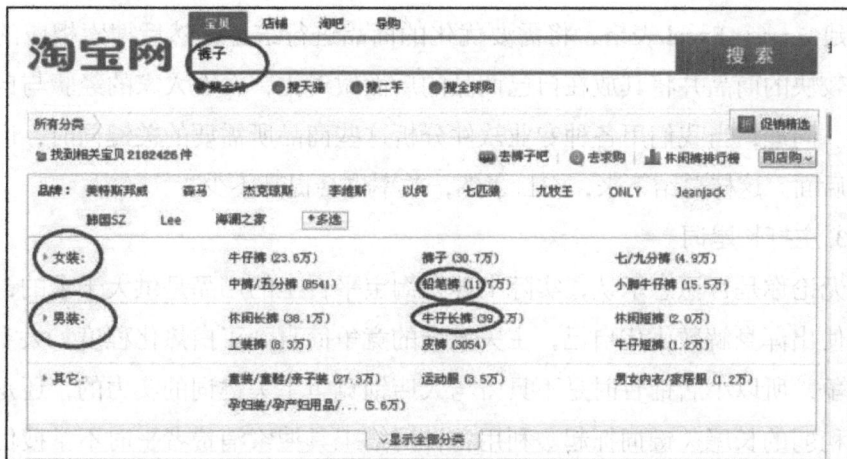

图9-6　淘宝平台裤子类目

3. 评价相关性

客户评价是直接与店铺评分挂钩的，图 9-7 所示的淘宝平台的几种主要排名方式中的"人气"是非常重要的一个标准，而所谓人气高的产品，指的便是客户好评率高、复购率高的产品。所以即使只有一个客户差评，对你的排名都将有非常大的影响。

图9-7 淘宝平台主要排名方式

了解了淘宝 SEO 优化效果影响因素后，我们应该如何有针对性地进行实战优化呢？

1. 统计需要优化的商品

在进行优化前，要对已有产品做一个效果统计，查看哪些商品优化效果目前还不错，哪些商品则优化效果欠佳，甚至有些商品已经没有必要再进行优化而是应该直接下架，等等，都需要我们做出判断和处理。

2. 建立统计表

建立一个 Excel 表格，将需要优化的商品进行统计，然后搜索相应的业内蹿升较快的商品并将其放在自己商品的后面做对比，看看人家的经验与自己的教训。同理，当我们用各种专业软件分析这些商品所需要的关键词时，也可以放在后面。这样总结下来，一目了然，效率也会提升不少。

3. 主打长尾词

无论你是否愿意承认，实际上现在淘宝平台上的产品是供大于求的，大家都在使出浑身解数优化自己，主关键词的竞争简直到了白热化程度，大家都疯狂竞争，所以小店铺暂时是不具备与大店铺竞争主关键词的实力的，还是要从竞争稍弱的长尾关键词抓起。利用各种网络工具搜索消费者平时不常搜但也有一定搜索量的长尾词，这些词竞争力较弱，进行优化要更容易一些。

小提示

至于长尾词要长到什么程度，需要大家根据自己的实力判断，如果长尾词过长以至于没有什么搜索量，那么即使你的排名会很高，也是没有意义的。

9.4 突出售后服务：7 天无理由退款

前面的内容已经提到过很多次，卖家的文案中一定要为消费者提供一种"无风险感"，购买前可以试，购买后不满意可以退，最好连退货的邮费都不需要买家付，图 9-8 所示的"7 天无理由退款"售后承诺在淘宝文案中一定要突出表现。

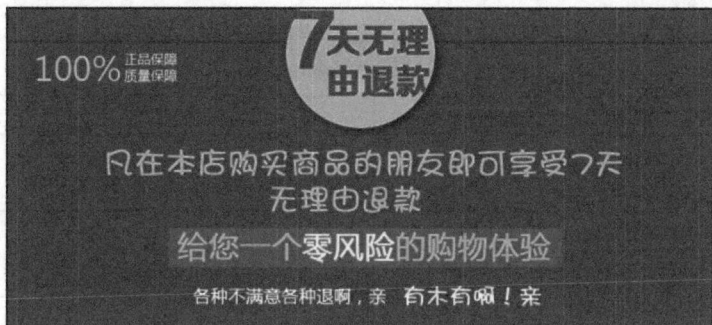

图9-8 某品牌的淘宝文案中突出售后服务部分

这其实也是一个逆向促动的过程，淘宝作为平台方，肯定希望所有商户都对消费者承诺"7 天无理由退款"，那样消费者才愿意来淘宝上购物；而最早一批商户在其中看到商机，承诺之后带来流量暴增的效应，也让其他商户纷纷效仿，近乎一条通行规则。

所谓"7 天无理由退款"，是指淘宝买家在签收商品的次日 00：00 开始有 168 小时的退款期，个人不满意、商品存在质量问题等合理要求都可以成为申请退款理由，但消费者同时也必须保证商品具有可以二次销售的标准，完整、未被破坏、配件赠品齐全等，否则商家也有理由拒绝退款。

至于邮费，因商品质量问题申请退款的，必须由卖家支付邮费；因非商品质量问题申请退款的，则往往需要买家承担邮费或双方协商解决。

以上只是目前淘宝上关于"7 天无理由退款"的基础要求和规则，淘宝平台并没有强制卖家必须实行这个标准，但笔者的立场一贯是坚持在自家的淘宝店铺中实行这一条款，并且不仅是实行，还要在文案中超预期执行。

虽然淘宝平台没有要求卖家必须实行这个标准，但我们前面已经说过，越来越多的卖家已经开始执行这个标准，而消费者在保护自己的权益这一点上总是苛刻的，当有超过 1/3 的卖家实行了这个标准而让他们具备选择条件时，他们便会要求所有卖家都执行这个标准，否则就会因为买某家店铺的货没保障而放弃先前对该店铺积累起来的信赖，而去了别家店铺。

客户流失显然是所有卖家都不愿意看到的，所以必须要有售后承诺，而既然要做就要做好。我们可以看到，图 9-8 所示的详情页中的"7 天无理由退款"，相比图 9-9 所示的更加详细的售后承诺就差了很多，那么当你作为消费者时会觉得哪家的文案更具有亲和力呢？

售后温馨提示

退货原因	来回运费支付方	退货原因
商品质量问题	×× 芙	退回商品的运费，请先行垫付给快递公司，我们收到退货后把退回运费打入您的支付宝
发现商品缺少附件	×× 芙	
您不喜欢收到的商品	顾客	如换货请联系我们的售后人员补拍返回的运费，以便我们在收到货后帮您发出所换商品
购买的商品尺码不合适	顾客	
色差线头等非质量问题	顾客	

扣件少量掉钻，以及金属色内（黑）垫为特殊材料，轻微掉色属正常现象！！！

图9-9　售后承诺

当然，承诺了就一定要做到，承诺 7 天就是 7 天，只能延长不能缩短。如果因退换货问题与消费者闹得很不愉快，一旦卖家被消费者在平台上投诉，平台是不会袒护卖家的，会认定卖家未履行 7 天无理由退款服务，处罚是相当严厉的。千万不要因小失大。

小提示

在屏幕前只看几张图片、几段文字便要付款购买的消费者，无论如何都是有不安全感的，而卖家要做的是尽量消除这些不安全感，突出"7 天无理由退款"等售后服务，让买家放心，提高下单率。

9.5　搭配一张创意图片，让买家记住商标

商家们，往往要绞尽脑汁想出一个容易让消费者记住的商标和一些创意图案。目前几家大型电商平台，名字或商标基本上都是动物，如天猫、京东、网易卡拉，因为动物最容易被国人记住。

相比之下，国外的一些大品牌则要高明不少，基本上都能让买家容易记住，同时还能向买家讲述一个格调相当高的故事，商标自带"社交货币"属性，买家知道这个故事后为了向朋友炫耀自己"很有知识"，很愿意讲给身边的朋友听，无形中帮助了品牌传播和格调塑造，典型的便是苹果公司。

苹果公司的商标具有重大的意义。之所以当初史蒂夫·乔布斯选苹果作为商标，是因为大家在生活中都很常见，推行起来没有太高的认知成本。

国内在"中华酷联"（中兴、华为、酷派、联想）后面崛起的手机厂商基本上也都模仿了苹果的思路，典型的便是小米科技与锤子科技两家，它们都是选取了生活中最为常见的事物作为名称，降低营销成本和难度，当然也有着精神层次的意义，一个要拿出艰苦奋斗的精神，一个要拿出工匠精神。

虽然小品牌和小店家短时间内靠这种方法获得巨大收益是有难度的，但这种意识是必须要具有的。而且我们不一定都要像星巴克或苹果公司那样，只要能吸引到消费者、符合品牌定位，同样会受到很多人的喜欢。

9.6 借势，提升宝贝品牌知名度

一篇文案便能"风生水起"应该是所有营销人员的梦想，而借势营销正是给了营销人员实现这个愿望的机会。现在已进入人人都是媒体的移动互联时代，信息裂变式传播成为可能，一个节日、一个事件，插上网络的翅膀一夕传遍全球已经不是罕见的事情，那么是不是我们的文案、营销也能借一借一些大事的东风，"搭便车"传遍全球呢？当然是可以的，并且这种行为在营销学上已经有非常明确的理论——借势营销，意指通过借助事件影响力，以娱乐化的方式引导消费者的过程。我们常见的借势营销方式有以下几种。

1. 节日借势

节日借势应该是我们生活中最常见的一种借势方式了，而且因为时间固定，可预期性也是最强的，中国传统的春节、元宵节、端午节、中秋节等，举国欢庆的国庆节、元旦等，以及经过年轻人追捧而逐渐兴起的情人节、"520""双十一""双十二"和世界图书日等，都是可以借势的节日。

典型的例子如图 9-10 所示，佳沃品牌曾在情人节推出将大枣与核桃放在一起包装的"枣想核你在一起"的"表白神器"，十分应景，大受欢迎，结果1314 份在推出两小时后被抢购一空。

图9-10　佳沃品牌在情人节时推出的文案

2. 娱乐借势

微博的发展经历过衰落到再次崛起的过程，其中网红和各类娱乐事件起到了不小的作用。绝大部分消费者都喜欢关注一些娱乐性事件。典型例子如李晨和范冰冰承认恋情时在微博上发布的"我们"，引起了一大波品牌的借势追逐。

3. 负面借势

人性中奇怪之处在于，大家都期盼美好的事情，但实际上却往往是负面事件能博得人们最多的关注目光，所以一些营销人员为了博取关注度不惜创造出一些负面事件用于借势。从数据效果上看，这些活动可能取得了不错的效果，但也一定要清醒地认识到，这种做法所引起的负面影响是难以消除的，所以不建议大家主动制造负面事件。

4. 体育借势

除了娱乐，最能引起全民关注的就是体育赛事，尤其全民热爱的运动员退役或足球队、篮球队等热门赛事相关的热议性话题，那可是非常难得的借势营销机会。

不过人们对借势的体育赛事也有侧重性，像夏季奥运会、世界杯、NBA、欧洲杯这样的赛事是很少有人错过的，但像冬季奥运会，借势的人就明显少了很多。

9.7 少用虚词，强化买家情感

仔细想一想，文案和公文写作其实是类似的，都是希望利用最少的文字来传达明确的信息、达到期望的效果，并且二者在写作风格上也颇有共通之处：一是准确，逐字斟酌，常常为了在几个含义差不多的词语中进行选择而推敲；二是简练，选词准确，能少用一个字就少用一个字，句子越长效果越差；三是质朴，表达含义明确的前提下，要避免词藻华丽，能口语化就口语化，不卖弄。

如此说来，在文案中没有意义的虚词就尽量不要用了，包括副词、介词、连词、助词、叹词、拟声词等。这些词之所以叫虚词，是因为没有实际意义，而一旦没有意义的词用多了，就会令人觉得文案啰唆、写作者基本功不扎实等，这是文案写作的忌讳。

文案是什么？是商品与消费者之间沟通的桥梁，不像文学创作需要那么多闲笔，写文案应该是以激发买家情感为原则，如果虚词过多便令人产生华而不实之感，让人感觉虚假，假、大、空，否则词藻再华丽也没什么意义了。

另外，虚词用多了还会给人绕弯子的感觉，这也是文案所不需要的，消费者看文案最主要的目的是想一眼就能看到自己能得到什么好处、能满足自己的什么需求，直来直去就可以，没有必要绕弯子，如图9-11所示。消费者每迟疑一秒，文案效果便下降一分。

都别装 | 别不信！

要搞促销 就促全年
生日会搞个嚎头玩假摔，没劲！

1号店吃货嘉年华不落幕
早说了有我在
阿宅也能吃遍天下
1号店手机不断货

图9-11 不绕弯子直接表明关注点

我们还要正视虚词使用与口语化之间的关系。有很多人认为口语化就真的要和我们平常说话一样，加上很多虚词和语气助词，这种观念其实是错误的，文案有没有达到口语化的效果，与使用多少虚词没有任何关系。

大家写出令人轻松理解的文案才有可能成为成功的文案。

9.8 忌用生僻字，易懂才是硬道理

文案不是认字游戏，有品牌调性是应该的，但千万不要个性到用生僻字词来表示调性，没人看得懂的文案除了可以让大家多查词典，没有任何作用。

虽然我们坚决反对在文案中使用生僻字、生僻词来进行叙述，但利用一些大家都很熟悉的字来玩文字游戏，也是未尝不可的。图 9-12 所示是方太油烟机曾推广的一篇文案，将烟字放在口字中用以表达"四面八方不跑烟"的品牌广告语，获得的传播效果相当不错。

忌用生僻字的同时，我们写文案还要贴近生活。如图 9-13 所示的两种文案，左侧的文案是看着高级一些，但明显右侧的文案才贴近生活。

图9-12 方太油烟机的文案

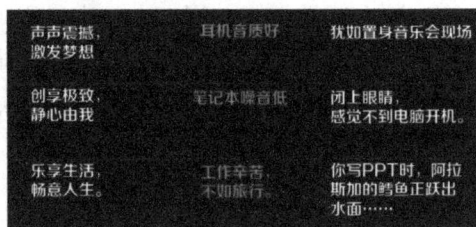

图9-13 两种不同风格的文案

尤其当很多文艺青年成为文案写手时，更是会遇到这样的尴尬，他们误以为全世界都和自己想的一样，将平常无处诉说的华丽词藻全放到了文案中，动不动就"激发梦想""静心由我""乐享生活"，自己想当修辞学家和诗人的愿望倒是得以实现，但结果往往是消费者不买账。

实际上，写文案不应该追求文字的华美，也不应该追求遗世独立，而是要坚定地和消费者站在一起，设身处地考虑消费者最关心产品的哪些作用、消费

者最喜欢什么表达方式，描绘时充满画面感，直接戳中买家利益。

真正的文案高手其实是将表达意思变得平实、有趣的人，通常他们有以下几个高招。

1. 制造反差

有趣的人常常有这种特质，他们都非常善于利用反差来制造笑点、加深印象。人是如此，优秀的淘宝文案同样应该如此，如"隔壁是一家化妆品公司，但是这家公司的所有员工竟然都不化妆""我们不生产水，我们只是大自然的搬运工"等，都是通过制造反差的形式让受众产生兴趣、关注产品，最终产生购买行为。

2. 树立对手

树立对手的目的自然是要通过对比来从侧面显示出自家产品的优势，就像淘宝与京东两个平台间互为竞争对手但双双取得不错的营销效果。淘宝中的普通品牌也可以通过找一个对手的方式来进行营销，在竞争双方矛盾展现中完成营销，让更多的消费者了解自家品牌，最终实现销量的提升。

3. 帮消费者表达

市场上有那么多同质化产品，消费者为什么会选用别人的产品而不选用你的？因为这个产品的文案替消费说出了心声，而你没有。比如，耐克知道很多人对运动都是三天打鱼两天晒网，不能坚持，所以就干脆说"Just do it"，现在做就是了；主打年轻市场的陌陌说得更直白：不要追求改变，就那样活着吧！

4. 善用语病

生活中就是这样，往往不正确的句子会比正确的句子能传播更广，如"今年过节不收礼，收礼只收脑白金""不是我看脸，只是你脸上的斑太多"等都是有语病的文案语句，但传播很广。

> **小提示**
>
> 近年来"专家"这个词在网络上被调侃为带有负面意义，其实很大程度上与有的卖家不切实际有关，说得"高大上"但不解决实际问题，在这个时代终究是会被抛弃的。

9.9 集中诉求一点，做简单承诺

熟悉《笑傲江湖》的人都知道，华山派有剑宗、气宗，一派注重剑法招式，一派注重内功修为，小师妹曾问"为什么不两者都重视？"得到的答案是，若两者都重视就等于两者分散精力相当，岂不是等于没有重视。

金庸老先生运笔入木三分，片刻之间就说出如今我们写文案时还能受教的大道理：重点太多等于没有重点，承诺太多等于没有承诺。聪明的做法是，集中诉求一点，做简单承诺。

比如，曾经有一款将充电宝做扁放入笔记本电脑中的产品，主打解决大学生上课或自习时手机没电的问题，将两者结合起来，一边用笔记本电脑一边充电岂不是非常好？这款失败的产品的设计者根本就没有充分了解消费者的诉求。

破其一点全线动摇才是抓住消费者诉求的正确方式，如以下这些产品便是经典范例，虽然它们身上有非常多的优点，但只提自己最擅长的那一点。

我们只专注高品质床品。

不是所有风扇都是七叶。

企业文案策划人员要多设身处地为消费者想一想，大家工作压力那么大，生活节奏那么快，在网络上浏览信息时，每条信息的停留时间一般情况下不会超过 10 秒，你凭什么能让他们在没有任何回报的情况下记住你的产品的所有优势呢，能记住其中一点就已经非常不错了。图 9-14 是冠益乳的宣传文案。

图9-14 主打改善肠道功能的冠益乳

苛责消费者不关注自己、不识货向来都是不正确的，既然消费者习性如此，文案人员只能满足他们，既然浏览时停留时间不超过 10 秒，那么就写出 3 秒便能吸引住消费者的文案，不玩"捉迷藏"，将文案变成"阿拉丁神灯"，消费者想要看什么就提供什么。

所以我们看到，真正销量好的手机品牌，它们的文案才是真正做到了"集中诉求一点，做简单承诺"，其他方面与同类竞品相比也丝毫没有差距，但集中的就是在一点上，OPPO 的"充电 5 分钟，通话 2 小时"和"这一刻，拍照更清晰"，小米 6 的"拍人更美"，坚果 Pro 的"圆滑当道时代的锐丽一类"，华为荣耀 9 的"美得有声有色""拍照就像用单反"，都是将产品所有的优势聚焦到了一个点上，越聚焦越有热度，越聚焦越有穿透力。

再比如，伊利旗下的金典主打"天赐好奶，无污染无添加"，蒙牛纯甄则强调"好味道，不添加"，而特仑苏则是"不是每一种牛奶都叫特仑苏"。虽然这几种奶在品质上没有太大的区别，但就是通过广告文案树立了不同的品牌形象与品牌价值。就像可口可乐旗下有可口可乐、雪碧、美汁源－果粒橙、冰露、纯悦、芬达、水动乐等，共 100 多个品牌，很多饮料在做工上没有太大的区别，但每一个品牌主打的方向和人群都是不同的。

9.10　说出有利的事实，让买家买账

做买卖的人都知道"光练不说傻把式"，选择性表达是现代谈判艺术的基础，而淘宝店铺中卖家与买家之间的互动，往往丝毫不亚于一场谈判的博弈过程。

本章重点是与大家讨论如何写作淘宝品牌的宣传型文案，既然是宣传，吆喝自家产品的优势是必要的，是什么品牌旗下的产品，代言人是哪位明星，得过什么奖，网友的高口碑评价，工匠精神打磨产品，等等。向消费者说出有利的事实，打动他们。

举一个例子，需要购买面膜的买家最关心什么？一是担心买到假冒伪劣品而伤害自己的身体，二是担心这款面膜不适合自己的肤质，购买后不能起到作用，而自己又不愿意试用，希望先看看别人的使用效果，再决定是否购买。图 9-15 所示的某品牌面膜的淘宝文案很准确地抓住了这两点，通过宣传店铺销量及买家口碑，打消买家的顾虑，具有很强的说服力。

当然，以上所举的面膜的例子也仅仅是提供一种思路，并不是所有产品都需要表明销量来提升自信。在全世界的汽车品牌中，保时捷的销量是很低的，但丝毫不影响其品牌价值。所有在文案中列举的优势，都要从有利于买家接受产品的角度出发。

图 9-16 所示是某品牌玉石手镯的淘宝文案中的一部分，在同品类中也是相当经典的一个例子，该文案的效果很好，但在这家店铺的文案中几乎没有类似图 9-15 所示的面膜的文案的痕迹，毕竟这两则文案涉及的是两种产品。

图9-15　某品牌面膜的淘宝文案

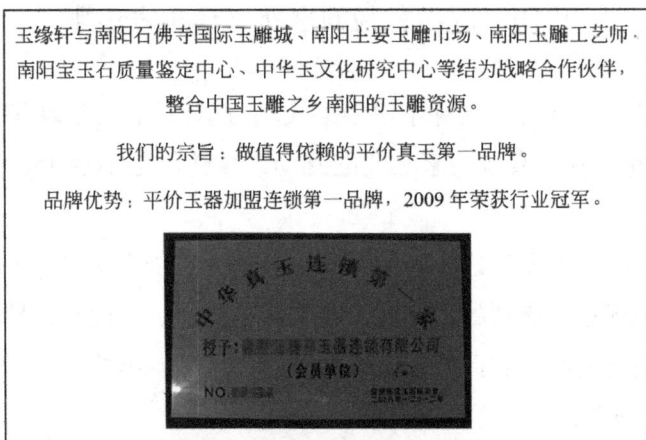

图9-16　某品牌玉石手镯的淘宝文案

玉石制品并不是大众消费品，销量多寡对购买动力的影响并不大。消费者更看重玉石质量，毕竟鉴定玉石真伪需要有专业知识和眼力，他们不是一时半会儿就能学会和判断清楚的，除了咨询朋友外，最主要的便是依赖国家权威机构对商家资格的认可。

图 9-16 的玉石手镯的文案便是以前面所述的消费者的这种心理为本，先说自己出身于南阳国际玉雕城，是南阳宝石质量鉴定中心、中华玉文化研究中心的战略合作伙伴，并配上"中华真玉连锁第一家"的授权证书，给消费者吃了定心丸。

小提示

> 本章前面的内容讲解了淘宝品牌宣传型文案写作技巧，方方面面囊括不少，但最主要的一点是贴近生活，使消费者能看懂商家的文案，并且有耐心继续关注商家。

9.11　注重文案的策略性

本书前面的内容讲解了文案的写作方式，可能很多文案人员被 KPI（Key Performance Indicators，主要绩效指标）压着，动不动就要拿出"文字走心""疯狂转发"的文案，但大家不要忘了，好文案要满足的可不仅仅是 KPI 指标，还要有策略性。

举一个例子，神州专车曾推出一则文案，目的是搞一场营销活动促进客单量，结果运营团队头脑风暴后想出了一个"神州司机讲笑话活动"，在交通拥堵时，客户可以通过神州专车客户端进行轮盘抽奖，抽中后就可以让司机现场给你讲笑话。

文案推出后反馈的数据确实不错，"转发人次超过 11 万，评论数量超过 23 万，阅读人次超过 700 万"，这样的数据显然可以满足当月的 KPI 考核，领导也很满意，但从这个角度出发写的文案，除了满足传播学定律，真的能使神州专车的业务有提升吗？想必虽然转发、评论、阅读的数据很好，转化率却是很低的。

这则文案的失败之处在于，虽然迎合了 KPI，但不具备策略性，不仅缺乏聚焦，没有找到关键竞争对手，同时也没有扬长避短充分展现出神州专车相对其他产品的过人之处。

神州专车相比其他打车软件，最核心的优势是全部为自有车辆、专业司机，但让司机讲笑话显然和这些优势一点儿关系都没有；另外，神州专车在凸显专业司机优势时的潜台词就是平台具有安全性，如今却让这些保证安全的司机讲笑话，不是在自毁长城吗？

所以说，虽然这则文案取得了还算不错的数据结果，但并不是很好的文案。

除了要扬长避短，我们在写文案时还要聚焦，万万不能贪大，以为自己可以占领整个市场，殊不知市场上充斥着竞争对手，自己的品牌能占领一个小小的细分市场就已经相当不错了，如果贪大，到头来只能是"贪心不足蛇吞象"。

比如，在一些不成熟的文案中我们经常能看到"只为健康生活""××，乐享休闲人生""×× 让生活更便捷""×× 让生活更美好"等，这些词看起来不错，但仅仅只能感动文案人员自己，几乎不会有人因为这样的文案语言而付费。况且"让生活更美好"这样的用语早已经用得太多了，当人们说这种"高大上"的话时会有人想起影响力有限的小品牌吗？

一个真正的好文案，应该一下就能建立起一个品牌的优势概念，并且能通过"百度搜索测试"，如图 9-17 所示，当搜索"怕上火喝"时满屏的搜索结果都是王老吉凉茶。但如果搜索"生活更美好"这样的词条，跳出来的搜索结果可就不一定是什么了，蓝天、白云、各种城市的宣传语，反正不可能是一款饮料产品。

图9-17 王老吉的百度搜索测试

试想一下，如果王老吉的广告从"怕上火，喝王老吉"变成了"享受美好生活，喝王老吉"或"健康饮品，王老吉"，那么王老吉还能有如今在饮料界的地位吗？

除了聚焦，当然还要了解同类竞品，"知己知彼，百战不殆。"图 9-18 所示是美瞳品牌米欧米在确定文案方向之前对自身和同类竞品各自优势的分析，相比强生等国际大品牌，米欧米的优势是种类较多；相比另外一家竞品，米欧米的优势是有专业的验光设备。

那么，对米欧米最有利的战场是哪里？自然是那些暂时对品牌还不挑剔但追求经常换新颖样式美瞳的年轻消费者，面向这些消费者写文案才可以将米欧米品类多、导购专业、有验光设备的优势体现出来，而使竞品的设计简洁、有太阳镜等优势难以发挥出来，所以米欧米的文案竟然是很多人都想不到的"你会在办公室和参加派对时穿一样的衣服吗？当然不会。眼睛的形象同等重要，所以你也不应该在办公室和参加派对时使用一样的美瞳。"

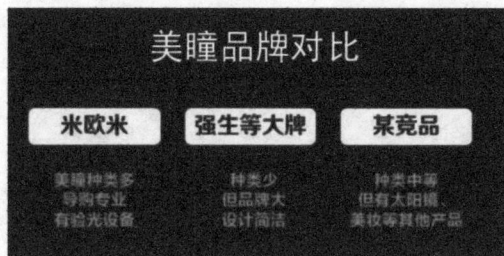

图9-18　米欧米对市场现状的分析

　　显然，当真的有很多爱美的女性能像换衣服一样换美瞳时，米欧米就成功了。

CHAPTER

10

第 10 章
淘宝互动型
文案写作技巧

|||||||||||||||||||||||||||||||||||||||||||

利用宣传型文案可以使消费者认识品牌。不过只是相识的初级阶段，当品牌在消费者心目中建立了认知后，还要互动、成为朋友，建立信任感，那么就需要我们继续写出互动型文案。

10.1　抓住痛点，与买家产生共鸣

"痛点"应该是一个大家并不陌生的词语，因为互联网创业热潮兴起后，几乎所有推出的新产品都在说自己满足了用户的一个痛点，将实现爆发式增长。虽然能将这番豪言壮语实现的人少之又少，但我们至少可以看出，只要能抓住痛点确实就能俘获相当多的消费者。

在谈如何抓住痛点前我们再了解一下到底什么是痛点。所谓痛点，就是消费者在体验服务过程中有很强的需求但一直未能得到很好满足的点。注意痛点有两个硬性标准，一是强需求，消费者对这项需求的关注很迫切；二是一直未得到很好满足，这项服务现实生活中不是没有，但用起来很麻烦。图 10-1 所示为某品牌插座的淘宝文案中使用的图片，它找的用户痛点便是，很多人在生活中总是会遇到三孔插座与两孔插座不能近距离同时插入，还需要另接插线板。并不是发明了一种新的方式，而是提升了解决原有问题的用户体验。

有关痛点的这两条判断标准很重要，因为到了实际操作层面，你会发现消费者需要被满足的需求实在太多了，但大部分只是相对痛点的"痒点"而言，看似很多人都需要，可一旦制成产品售卖时，未必有多少人购买。

那么我们应该如何抓住消费者的痛点呢？一般而言一名消费者在面对商品做决策时会受到如下几个因素的影响。

效用：购买后能获得什么效用，这是最基本的出发点。

形象：颜值如何，使用后对个人形象有没有提升。

可靠：是否安全稳定，买回家用了 3 天就不灵了可不成。

易用：上手操作有没有困难，能不能一用就会。

价格：价格高低是个大问题。

以上这 5 个元素，每一点都可以成为被发掘的用户痛点，只要重点解决了其中至少一点，同时在其他的点上不落伍，商品成为爆款的概率很大。

如微信，最初是在移动端解决了用户发短信和彩信体验非常不好的痛点，美图秀秀则相比 Photoshop 等专业软件大大降低了使用难度，可以让大部分人轻松上手，抓住了"易用"这个痛点。

在具体操作中，我们往往还需要通过文案调动出消费者 3 种情绪，先是问消费者有没有遇到过这样一个问题，让对方觉得"他懂我"；然后说如果这样解决会不会很好，让对方觉得"对对对，就是这样"；最后说"我可以帮你解决"，于是消费者说"好好好，我买"。

图 10-2 所示的某品牌手机配件的淘宝文案便是从这个逻辑出发，先是表述大部分手机拍照还达不到专业效果，而数码单反相机价格很贵而且携带不是很方便，怎么办呢？买一个能使手机媲美数码单反相机的配件就可以了，简单、易用并且比单反相机要便宜得多，让你瞬间变为摄影高手。这样是不是比单纯卖手机配件更能打动人心？

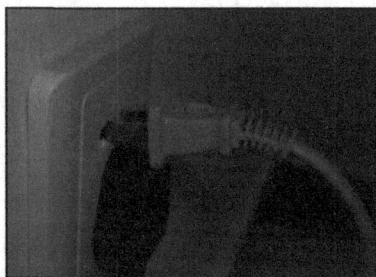

图10-1　某品牌插座的淘宝文案中使用的图片

图10-2　某品牌手机配件的淘宝文案

10.2　与买家对话，解决买家的问题

大家可以观察一下自己身边销量十分好的品牌，观察它们的营销方式，可以发现它们在营销文案中都是将自己拟人化了的，扮作消费者有情有义的知心朋友，而不是冷冰冰的产品，文案常常也是对话式的。

图 10-3 所示的关于饮料的文案，常规展示应该是展示这两种产品的组成成分、效果等，那样的方式倒不是有什么问题，只是用这种方式的人太多了一点儿，除非你有高超的能力，否则你如何保证能在竞争压力仅次于高考的文案界脱颖而出呢？而这篇文案就运用了直接对话点出你的痛点的方式，用"怕上火，就喝王老吉"这种类似宣言的方式解决买家的问题，效果显然是比平铺陈述产品成分、会起什么作用要好的。

对话的方式也有很多种，除了上述文案这种调侃式，如果能与消费者"谈情说爱"，他们下单的概率将更高。在这一点上做得比较出色的，无疑是主打文艺范儿的淘宝店铺"步履不停"，看看以下这段我们引用的文案，别说产品文案，三个大男人能将情书写到这个地步一定是文字高手。

图10-3　与买家对话的产品文案

你说3个月没买新衣，精神头儿全没了。你说鞋都是旧的，走路都没劲。你说口红毫无新意，怪不得没人献殷勤。你说满大街和人撞衫、撞包、撞行头，还怎么活得下去。说着说着，哪一样你都错过了。说着说着，就老了。

也确实有不少淘宝卖家给买家写情书的，但很多已经演变为一种程序化的套话，如"最近很想你"之类，毫无动人之处，还不如不做，因为大家对套路已经很反感了，流水作业徒劳无益。卖家要用心，如给熟客写一封亲笔信，买家收到后非常感动，便马上在微博上发了出来，买家的好友们看过后也觉得非常好，纷纷转发，二次传播效应明显，口碑上升不少，会吸引来很多新顾客。

与买家对话的形式，还可以是故事式的。如一家卖服装的淘宝店，曾以衣服为素材，从轮廓、面料到扣子、尺寸、缝线，每一个细节都能讲出很多故事，堪称服装界的"一千零一夜"，吸引了不少消费者，有的人为众多故事所塑造出来的格调慕名而来。

> **小提示**
>
> 通过打感情牌与买家对话的文案，还有一点好处，即可以在社交平台上有相当好的传播效果，尤其是当文案以故事的形式出现时，大家会为了好的故事而转发。

10.3　用赠品抓住买家省钱心理

我们都知道消费体验是一个整体的过程，不仅要让消费者买到自己想要的产品，有售后服务保障，让消费者在购买过程中精神愉悦也是体验中的一环，其中一个强有力的手段便是让买家感觉自己占到了便宜。

注意，"占便宜"和"便宜"是不一样的，便宜是一种价格上的比对，而占便宜则是一种心理感觉，与价格没有直接关系，就算你的商品是"打骨折"、挥泪大甩卖、价格低到1元，肯定还会有很多人问：再便宜点儿行不行？

除了降价，送赠品也是满足买家贪便宜心理的常规手段之一，如当年很多手机品牌在促销时都推行过消费达到2000元就再送一款手机的策略，结果大部分消费都选择遵从这一规则，自己用的手机贵一点儿就贵一点儿，加一点儿钱弄一个便宜的手机，可以送朋友，何乐而不为。如图10-4所示，红酒品牌也经常用这个规则，而且往往是送"8件套"，开酒器、醒酒器、酒杯、酒塞全部都送，这些都是消费者在饮酒时会需要的用品，相比其他没有赠送的品牌，竞争力是不一样的。

图10-4　某品牌红酒的淘宝文案

理论上而言，淘宝商品附带赠品，除了能满足买家贪便宜的心理，还有提高产品附加值、促进订单成交率和提高二次复购率的作用，那么要达到这些效果，在挑选赠品上有什么讲究呢？通常情况下，赠品需要与卖品之间满足以下关系。

1. 相关性

赠品一般而言是要能与卖品搭配合适的物品，毕竟买家是奔着卖品而不是赠品来的。绝大部分情况下，只有赠品能与卖品搭配使用，才能最大程度引起买家的兴趣。如卖品是运动鞋，那么最好的赠品便是袜子或比较讨人喜欢的鞋带；如果是女鞋，赠品为脚链也未尝不可。

2. 多次使用性

使赠品与卖品存在相关性的目的也在于此，买家可以多次使用赠品，使用赠品次数越频繁，对卖家越有好感，赠品也可以时刻提醒买家二次购买。

3. 成本可控性

赠品只是博取买家好感，应该将精力放在卖品上，所以赠品一定要做到成本可控，不可过高，赔本买卖并不会长久。

小提示

既然有赠品，那么卖家就一定要在明显位置或广告图中将赠品展示清楚，详情页也要有赠品的明细，不可以弄得神秘和含混不清。如果将来在售后引发争论，负面影响是送出 1000 个赠品也挽回不来的。

10.4　强调并兑换价值，让买家获得小惊喜

与利用赠品抓住买家心理的出发点类似，以下要介绍的"强调并兑换价值"方法，本质上是与利用赠品的方法如出一辙，只是在展现形式上略有区别——将赠品直接换成了直观的价值。

图 10-5 所示的某品牌红酒的淘宝文案，虽然它没有直接说相当于减价多少，但说明了进店领券后可立减 10 元，这也相当于为消费者兑换了价值，同样能够有效地激起买家占便宜的心理，进而完成下单。

图10-5　某品牌红酒的淘宝文案

除了以上这两种形式，在定价理论中还有一种偏向定价方法。所谓偏向定价是指将一部分本来价格就不是很高的服务部分设置成较低价格，进而提升对

消费者的吸引力的方法。经典案例如一家美容院采用偏向定价法推出的套餐形式，购买其他服务或充值金额达到一定程度时，便可以赠送一些服务。

这种方法同样可以运用到淘宝店铺对商品的定价中，利用附赠服务、周边产品等形式，让消费者直接感受到自己兑换后可以省下的价值，往往很具有诱惑力。

更具有诱惑力的还有"加1元即可获得价值33元××一份"和"参与活动，iPhone手机1元购"等活动，也都属于"强调并兑换价值，让买家获得小惊喜"的方法。

10.5 将其他象征性物品加到你的宝贝上

"将其他象征性物品加到你的宝贝上"，这一招还有一个十分"高大上"的名字——形象化类比，就是将某个具有象征性意义的物品加到产品上，使二者相连，最终达到产生创意和亲切感的效果。

这种方法是人们产生创意的重要源泉之一，各类创意摄影多数也是利用这种思维方式拍出很多让人眼前一亮的作品的。如图10-6所示，将苹果作为饮料罐体用以表达饮料果味浓醇、绿色天然的含义，自然比直接摆上一罐饮料要让人有兴趣得多。

图10-6 某饮料的创意广告

通过以上这个广告，大家有没有发现什么共同点？这里面是有逻辑规律可循的，所谓创意，在这里就是一种另类的表达方式，只要将"产品—希望表达信息—信息象征—连接方式"这4个步骤梳理清楚，创意文案便呼之欲出，如某果味饮料创意广告。

产品：苹果汁。

希望表达信息：味道天然，绿色无添加。

信息象征：苹果。

连接方式：饮料罐身与苹果外形很相似。

当然，不可能所有的创意广告都可以用外形来做形象化类比，还可以使用事物引申含义来进行类比，如子弹象征速度，长城象征中国，向日葵象征阳光，书籍象征情怀，锤子象征工匠，等等。用抽象概念来类比，将得到更有创意的效果。

在照明功能设计上，各家手电筒已经没有太多差异，想要唤起消费者的购买欲望，往往需要动用点儿精神能量。例如一款手电筒的文案，这个广告文案将手电筒的作用比喻为带来光明驱走黑暗，而最妙的是它用老虎来喻指恐惧，经过手电筒的光照后老虎则变成了一只温顺的猫咪，恐惧瞬间消失。

我们可以看出，能否写出优秀的形象化类比文案，功夫全在能否找到一个十分恰当的"象征物"上，这是创意能否成功的"命门"。除了产品形状与功能，Logo、包装等都可以形象化类比到人们熟知、容易接受的事物上。

10.6 找到一个情景，使宝贝卖点重要到不切实际

夸张也是我们在文案中常用到的一种手法，它并不是吹牛，而是一种修辞，即使所有人都知道它不切实际，但正是它将一件事物的特性夸张到了极其不切实际的地步，往往可以在人的脑海中留下非常深刻的印象，想想那些著名的喜剧和诗歌，大部分都是这样的。

这和数学上的极限思维有很多类似之处，将事物的一个元素（公式中的一个变量）想象到极限的状态，往往可以得到非同一般的效果。

图 10-7 所示是某品牌护手霜的文案，意在表达如果冬季不使用护手霜，那么人们的手将像干树杈一样枯萎，毫无生命力。

从以上这一个例子我们就可以看出，相比前面提到的"将其他象征性物品加到你的宝贝上"，"使宝贝卖点重要到不切实际"更侧重的技巧是"荒谬取代"，过分极端即荒谬——如果不买我们的产品，后果很严重，如图 10-8 所示的文案，表示如果不买鞋柜，鞋都挤到一起了。

这是宜家为宣传新品鞋柜所推出的文案，旨在唤起人们意识到自己的鞋柜空间不足，鞋都已经开始打架的场景，所以如果你不想鞋互相伤害，那就赶紧去买一个新品鞋柜吧！

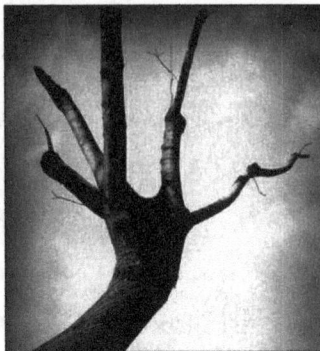

图10-7 某品牌护手霜的文案

图10-8 宜家鞋柜的文案

> **小提示**
>
> 既然我们可以将不使用产品的极端情况作为文案素材，那么是不是也可以用使用产品后能出现的极致情况来作为文案素材呢？当然是可以的。

10.7 向买家呈现使用产品后的极致效果

沿着前面的思路，我们同样可以通过向买家呈现使用产品后的极致效果的方式来吸引消费者关注与购买。

这种方式经常能用到的手法就是极端对比了，如花生夹心巧克力士力架的广告，它的定位与费列罗、德芙等品牌迥异，出发点是为了要满足人们对于能量的需求，所以要表达"横扫饥饿"的几个版本广告都是利用非常强烈的对比手法，如图 10-9 所示。譬如篮球赛场上一个队员"一饿就弱爆"，随后队友给他递来一条士力架，结果战斗力瞬间爆棚，极端对比的同时还不失幽默。

图10-9 士力架的淘宝文案

类似的案例还有很多，如炫迈口香糖的"根本停不下来"与"美味持久，久到离谱"；某品牌男士香水的文案"不要给男朋友买我的香水，否则会有太多女生追他"，虽然是以写给女士的口吻写的，但明显是给男士们看的，为他们提供幻想的空间。

当然，我们也不一定都要用极端的方式来夸大产品的性能，偶尔说一说使用产品后的坏处也是可以的，当然必须是"因为功能过分强大才引起的负面结果"。如联想笔记本的一则文案，"笔记本拿在手里时千万要小心，因为它一不小心就会掉到下水道里"，将自己的优势当作缺点来宣传，方式独特。

基于同样原理的文案还有不少，如很多主打美白、年轻化功能的产品往往会用到的"要出国时不要轻易使用我们的产品，否则签证官会以本人与照片不符为由拒签你"。

10.8　与非同类产品竞争，突出宝贝优势

《三体》火了后，在互联网创投界便多了一个彰显自己格调的名字——降维打击。以下讲解的方法与降维打击类似，只不过是反其道而行之，使商品在某一个维度上执意与非同类产品竞争，进而突出宝贝优势。

知名运动品牌耐克曾拍摄过不少以这种思路为出发点的广告，如球鞋广告就曾让代言人 C 罗（克里斯蒂亚诺·罗纳尔多，Cristiano Ronaldo，简称 C 罗）穿上跑鞋与高级跑车进行比赛，而且还让 C 罗赢了，这就突出了产品的优势。

当然，这大部分都是人为制造的竞争，现实生活中很难遇到，本质上还是极限思维的延伸，只不过跳出了原有的对比维度，效果更佳。如图 10-10 所示，在淘宝上售卖的小米笔记本 Air 文案中为了表现笔记本的轻薄，直接与一本杂志做对比，这就是典型的"非同类产品竞争"，一下子就突出了小米笔记本的轻薄。

还有一个工装牛仔裤广告，为了凸显裤子的结实，在车子抛锚时，没有绳子就直接拿牛仔裤当绳子来拖车，使牛仔裤在结实这个层面上与非同类的钢丝绳竞争，突出优势。

> **┃ 小提示**
>
> 与非同类产品竞争，想要获得良好的效果，一是要选取可以作为卖点的那个方面，然后再选这一点中最出类拔萃的产品与其竞争。切不可反其道而行之。

图10-10　小米笔记本的淘宝文案

10.9　伪互动，让买家想象完成行动的场景

一篇好的文案不仅要在视觉上影响大家，还要让大家能和你一起行动起来，让大家发现自己的短处，让他们自己意识到自身的问题，很快他们就会臣服。还记得那个经典小品《卖拐》吗，虽然"你踩你也麻"，但范厨师就是靠自己一步步的行动，发现了自己的"需求"，用自行车换了一副拐杖。

"大忽悠"坑人害人的做法被我们严厉谴责，但他整个过程中的一些手法我们是要研究、借鉴的，并且很多文案已经运用上了这个原理——与消费者伪互动，让他们想象完成行动的场景，亲身体验前后反差，说服力将爆棚式增长。例如，海飞丝最经典的广告场景之一便是用一张黑色的纸去贴头皮，看看上面有多少残留的头皮屑，相信很多人都这样试过，一旦试过则将会对头屑问题非常敏感，对产品产生的购买欲望。

除了身体互动，既然是让买家想象完成行动的场景，头脑风暴自然是少不得的，故事是最好的文案素材。人在读故事时，一般会经过如下几个流程：思维复述—产生共鸣—角色代入—自我戏剧化—投入感情，而这不正是伪互动想要获得的效果吗？

所有的文案的最终目的都是促使用户完成购买行动，而进行这个活动的前提是，我们需要给他们提供足够的知识和动机，这背后其实是人类两种最基本的决策模式，知识的背后是权衡利弊，动机的背后是身份认同。

在身份认同层面，我们可以利用群体共通性，将别人的经历、感悟由抽象的特征转为具体的可感受文字传递给消费者。只要能戳中要害，将屡试不爽。

如饮料行业就经常用到这样的广告策略，饮料商家早已经过了要告诉消费者自己的饮料有多甜的时期，而是要向消费者塑造喝自己这种饮料的都是什么人，如雪碧主打的是年轻人市场，广告文案要表现的自然也是热情、奔放的状态。

通过雪碧的例子再继续研究，可以发现"让买家想象完成行动的场景"这种文案策略并不适用于所有的文案产品。如果按照功能来大概分类，全世界的产品可以分为两种类型：有限改进型和无限改进型。

像饮料、洗发水、肥皂这些商品，撕掉标签后基本上都差不多，互相没有太多的差异，改进也是有限的，所以是有限改进型产品；相反的，像计算机、手机、APP 这些产品，则可以随着时间无限改进，自然是无限改进型产品。

深入研究后我们发现，适合通过讲故事来营销的，多为有限改进型产品，因为它几乎所有差异化的特点都是来自于对消费者的情感获得，而非功能获得，消费者买不买主要凭感觉，自然更依赖这种方式。

10.10 改变维度：对宝贝在时间、空间上进行转化

人们对于过去和未来都是十分有兴趣的，文案操作中我们也可以利用这一点，改变维度，对宝贝在时间、空间上进行转化，创造新关系、赋予新生命，等等，凭这些创造出有趣的点，进而吸引消费者。

这样的例子很多，如某品牌饮料曾用数量众多的易拉罐组成变形金刚；某品牌运动鞋曾用多个人的鞋印印出头像，某保险公司安排已经去世的丈夫向妻子哭诉应该买保险，等等。不过以上这些还都不够，近些年来将穿越运用到极致的是故宫的淘宝文案，如图 10-11 所示。

或许是招了一批年轻的营销人员，近一两年故宫在营销上一改以往正襟危坐的形象，逗趣得很，常常能在微博上放出刷屏级的营销文案。如轰动了朋友圈的《够了！朕想静静》。

《够了！朕想静静》本来讲的是我国明代最后一任皇帝崇祯的故事，但整个文案都十分幽默，介绍人物时还给他做了身份证，住址一栏写的是"北京紫禁城想住哪就住哪"。

天下四方多事，崇祯常常为这些事情所苦恼，连彰显帝王威仪的画作也成了手托额头的摆手发愁状，在以轻松的语气调侃完北京城被攻破时求算"朱由

检的心理阴影面积"时，突然画风一转，这才让大家知道这并不是"皇帝生平故事集"，而是要推销"新年必买的 2016 故宫福筒"的广告文案，崇祯的故事说了那么多都只是铺垫，姜还是老的辣，不服不行。

此后故宫还推出过很多类似采用这种手法的文案，李清照抛起媚眼，康熙摆起剪刀手、雍正拿起玫瑰花，历史人物成为隔壁家的小可爱，完全颠覆传统观念，而被惊艳到的网友不仅纷纷转发，还将这些文案截图做成表情包，两次、三次传播效果极强。

除了清宫剧中的历史人物，最近几年大受欢迎的形式还有精致典雅风格的文案，同样具有很强的时间、空间置换感。图 10-12 所示是南京知名品牌梅花油在 2017 年淘宝造物节推出的一则文案，20 世纪三四十年代优雅的画风扑面而来，传播效果相当不错！

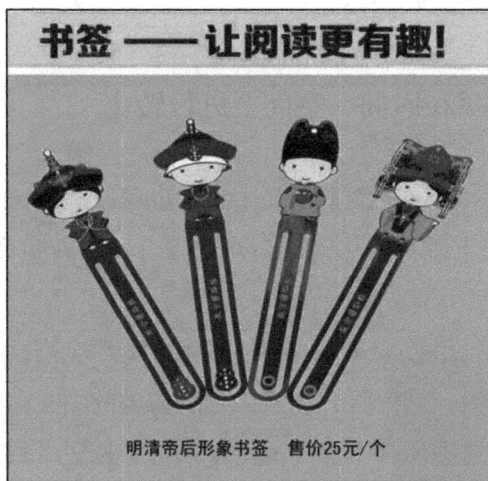

图10-11　故宫在淘宝售卖周边产品的文案

图10-12　梅花油的淘宝文案

类似的例子还有很多，连淘宝平台自身及京东、苏宁等平台都推出过这种精致典雅的生活画风的文案，几十年前民众对产品的需求量十分大，正是现在所有的卖家所渴望的。

小提示

我们常见的改变维度，将宝贝在时间、空间上进行转化的文案手法，基本上还是以时间为主，空间上的转换相对少一些，如并不是所有的商家在测试产品性能时都要说自己到北极和南极也测试了一圈。

10.11 要有真情实感，杜绝枯燥无味的文字

至此，技巧性的内容已经说了大概，需要多聊几句心里话。大家在写文案时无论是用哪些技巧，内容一定都要像中学生作文题目规定的那样要表达真情实感，尽量避免从搜索引擎复制、粘贴，因为没人愿意去看一段又假又枯燥的文字。

有时候为了避免枯燥无味，很多人会陷入另外一个误区，采用华丽的词藻，结果由于对这些词没有很好把握，往往变成了虚有其表、不接地气的"假大空"，那样只会让看到的人反感。图 10-13 所示便是一则陷入这种泥淖的某产品文案，词语都用得很空泛，但有几个人能看懂这篇文案想要表达的意思呢？

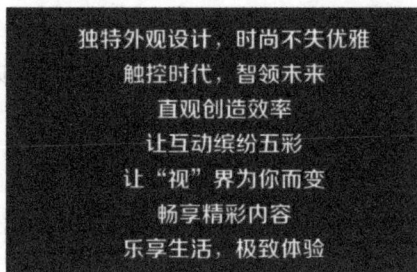

独特外观设计，时尚不失优雅
触控时代，智领未来
直观创造效率
让互动缤纷五彩
让"视"界为你而变
畅享精彩内容
乐享生活，极致体验

图10-13　某产品的文案

最终能感动人的还是那些真情实感，当你写下自己真正相信的文字时，这些文字可能不够华丽，但里面却有真情的魔力，是可以打动人的。所以我们要用各种宣传点将大家的注意力吸引过来。当然，无论是什么样的噱头都必须要带有情感，也只有情感才能提升。

一篇优秀的文案，应该立意有趣、形式新颖、内容新奇、制作用心、情感明确，而想要达到这些目的，避免文案沦为枯燥无味的文字，通常有如下方式。

1. 违背预期

既在意料之外又在情理之中是戏剧追求的最佳效果，文案同样也是如此，当你的文案能打破买家认知产品时的惯性思维，引导他们产生阅读乐趣时，你离成功就只有一步之遥了。

通常这一步要经过 3 个过程，包括声东击西、逻辑错位、戏剧效果，先顾左右而言他，说出一套有悖于常理的逻辑，然后点出真实目的，产生戏剧化效果。最经典的便是微信大号"六神磊磊读金庸"为其他产品写的文案，一般都

要用 2000 余字作为铺垫，文末剧情翻转，点明自己其实要推荐的产品。

2. 幽默

没有人会愿意拒绝一个幽默的人，因为幽默是消除戒心的最佳方式。常规下消费者对广告哪怕是相当精美的文案也都是有戒心的，这是大多数人的心理定势，不以文案人员的意志为转移，我们能做的是，通过幽默的方式，尽量消除他们的戒心。

写作一篇幽默的文案，最直接的方法为这些步骤：情景→情节→手法→讲述，设定一个大家都熟知的情景，在情节中做好铺垫，通过双关、夸张、因果倒置等手法"翻包袱"。

3. 消费自己

为大公司写文案，更要时刻绷紧一根弦，不是什么都能调侃的，如果出现一次"擦枪走火"受到网友的围攻，就失败了。不能调侃别人，就只能"自黑"了。

真情实感并不意味着一定要讲清楚真相，有时真相很残酷，并不是每个人都能承受得起。相比真相，大家更在意是否有情绪、有感情、有意思。

10.12 利用"冲突"，反将一军

棋艺上，"反将一军"是非常高明而精彩的招式，类似影视剧打斗镜头中经常出现的回马枪，绝地逢生往往最令人心折。

产品文案同样可以具有这种气质。如今市场竞争激烈，产品推广过程中难免要受到同行的打压，尤其当你动了他人的奶酪时，这种情况将会出现得更多，此时就需要我们用智慧来化解了。这确实是一件非常需要智慧的事情，有的人恼羞成怒方寸大乱，最终给了对手可乘之机，而有的人则凭借自己的技巧四两拨千斤，不但没有发生冲突，还将自己立于不败之地。

图 10-14 是淘宝平台上同款却价格迥异的两款产品，如此悬殊的价格差异，想不引起消费者怀疑几乎是不可能的，如果你是第 2 款高价商品的卖家，你应该如何化解这份高价带来的尴尬呢？

图 10-15 所示便是用了"反将一军"的方法，说自己之所以价格高是因为"一分钱一分货"，在质量、做工、服务上都相当考究，目前 368 元的价格已经

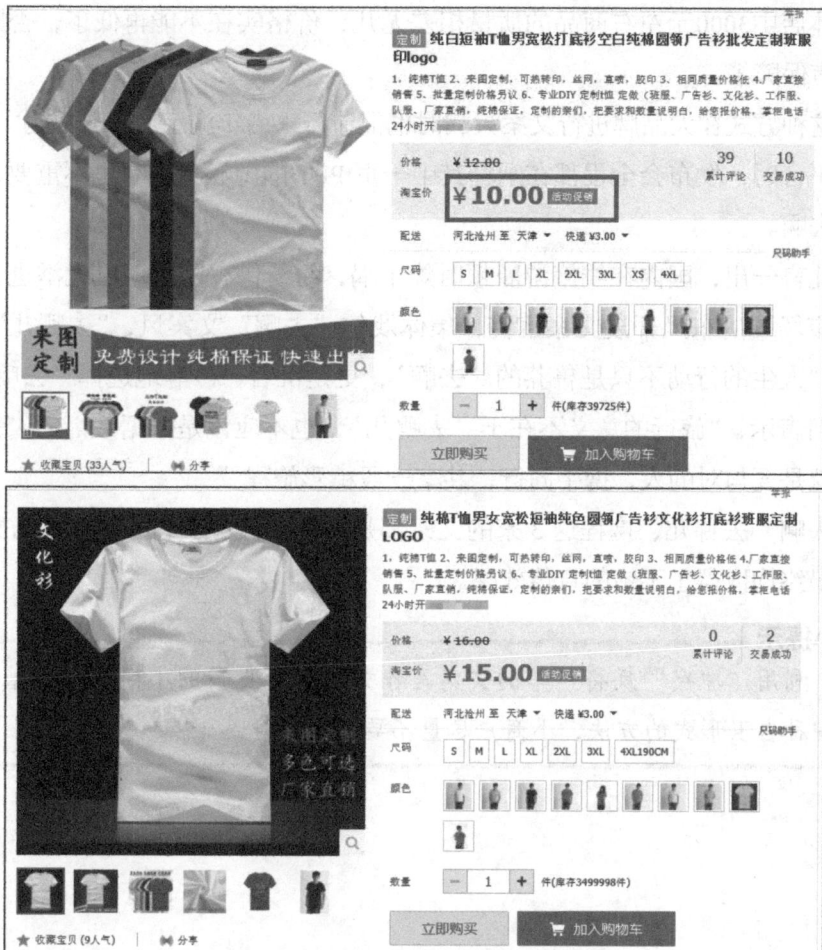

图10-14 同款却价格迥异的两款产品

为了满足不同客户人群的需求：有以下几种价格。一分钱一分货！成本差价 20 元，鞋的品质就是两码事，档次更上一层楼。这就是奢侈品的理念！

版本1：进口原货（与3000多元的货品一模一样，活动价 408 元）今天秒杀淘宝全网 368 元！包邮顺丰！支持无理由退换！只为好评！（主推荐）

版本2：国内顶级头层牛皮（活动价 318 元）。

版本3：国内普通皮牛皮（活动价 278 元）。

版本4：非真皮或较差真皮（活动价 188 元）。

来！不要问我与实体店 3000 多元是不是一模一样，我敢跟你说答案是肯定一模一样的！我们的材料都是进口的，所以成本很贵，一分钱一分货，您渴望完美自然要多花钱。只花几十元、100 多元，想与几千元货品的材质相同，是不可能的，品质也许还能控制，材料价格是死的，这个是 2015 最新款，明星都在穿。我觉得您现在不应该只担心款式的问题吗？还应该要弄清楚现在付款什么时候能收到货。

图10-15 某品牌淘宝详情页说明部分

和实体店中3000元左右商品的质量相差无几，价格实在不能再低了，否则质量就没有保障了。

这种方式在大品牌进行文案大战时也很流行，当年淘宝旅行升级为"去啊"独立平台时，发布会全程都在阐释其中一页PPT的内涵：去哪里不重要，重要的是去啊。

此言一出，国内在线旅游圈顿时炸了锅，纷纷借"阿里巴巴大举进入在线旅游市场"的东风开展文案宣传，集体戏仿"去啊"文案风，"去哪儿"马上回应"人生的行动不只是鲁莽的'去啊'，更是沉着、冷静地选择'去哪儿'"；携程则表示，"旅行的意义不在于'去哪儿'，也不应该是依据敷衍的'去啊'。旅行就是要与对的人，携手同行，共享一段精彩旅程。"

去啊、去哪儿、携程这3家的文案都是在利用冲突反将一军，三方相辅相成，最终均取得了不错的宣传效果。

小提示

　利用"冲突"反将一军的文案写作方法对于更多的小商户来说基本上是一种自卫形式的方法，小商户尽量不要惹火烧身。

CHAPTER **11**

第11章
淘宝观点型
文案写作技巧

||||||||||||||||||||||||||||||||||||||||||

世界权威机构曾做过一项关于人们收看新闻节目的调查发现，人们收看新闻节目时最大的需求：在肯定的语气中巩固自己的观点。淘宝文案也是如此，在当下信息爆炸的时代，没有人会喜欢文案的观点看似中立实则模棱两可，所以，我们创作的文案必须要表达出明确的观点立场。

11.1 一篇文案着重突出一个观点

"突出重点"应该是自小学生作文题目便开始要求的，但我们从侧面来看，为什么几乎每一道作文题目都会写上"突出重点"这个要求？因为跑题的人实在太多了。

同理，我们一直重复强调"一篇文案要着重突出一个观点"，因为在写文案时未能着重突出一个核心观点的人实在太多了。

文案创作之所以会出现上述情况，这在很大程度上是由于人们总是区别对待，有的人看别人的文案时，只要写得稍微多一点儿就会不耐烦，而当他们自己写文案时却总觉得还没有写好、没有写够。

实际上，别人看你的文案是与你看别人的基本没有什么差异，我们很多人都没有太大的耐性，所以写文案时一定要"责人之心责己"，不要到了自己这里就区别对待。

比如，写给政府办事处看的文案，就要着重写社会效益，符合如今哪些政策，办成后可以让广大市民得到什么好处，最后再提一点儿经费问题；而写给商业机构或消费者的商业性文案，除了违法犯罪这条红线会恪守，很多人写文案通常是不太考量社会效益的，而是重点宣传经济上的优势，需要多少钱、多长时间可以回报等。

简单说，一篇文案中要着重突出的那个观点不是一拍脑门就想出来的，而是一个很复杂的挑选过程。我们要从产品、消费者等多方考虑，像本书前面提到的寻找卖点那样的方式来寻找这个要着重突出的观点。

当我们将产品所有卖点都一一列出后，要仿照 PPT 达人的做法——"好的 PPT 全靠删"，逐个删减卖点，直到最后留下最精华的那一点。奇怪的是，最后留下的虽然未必是最具有科技含量的那一点，但却是消费者最能看懂的那一点。

如小米公司在发布小米 4 时，没有再像以往那样主打 CPU 或 GPU 的配置等，而是主打"精细加工"的工匠范儿，文案主打"一块钢板的艺术之旅"，讲解了小米采用的奥体 304 不锈钢材质是如何经过 8 次 CNC 冲压成型，历经 193 道工序的规划、设计，最后加工成为用户手中轻薄的小米手机壳，这看似不高明的营销手法，其实恰恰迎合了当时的消费升级热潮。大家当时对消费品的工艺都十分考究，小米 4 正是抓住了这一点，实现了大卖。

那么为什么没有选更核心的 CPU，而是选择手机外壳还能取得如此好的成绩呢？原因是大部分消费者在选购一件产品时大多只会在两种心智模式间徘徊：低认知模式，不用花什么精力去思考；高认知模式，花费很多精力去了解和思考产品。

不需要多说你也会猜到，现在绝大部分消费者都是处于"低认知模式"，他们没有耐心仔细了解产品的每一个细节，即使那个产品是他们极度渴求的。

我们暂时还无法改变消费者的这种心智模式，只能在写文案时注意多迎合这种情况。

11.2　撰写角度鲜明，不用模糊词

大家在写文案时要像耕地一样，千万不要贪多，一粒种子一个坑，否则 10 粒种子一个坑不仅不会获得 10 倍的收成，反而会减产甚至还会破产。

写文案时，如果将 10 个优点放在一起写，还不如一个文案只写一个优点，这样或许还有可能被人记住。如果一口气写太多优点，这是不可能被记住的。如果你的产品的优点实在太多了，可以进行品牌差异化运营，每一个品牌一两个优点，千万不要将优点都集中在一个产品身上。

想要更好地理解上述内容，我们可以学习一下国际知名运动品牌耐克的营销策略。无论是产品功能化倾向越来越明显，抑或是满足不同消费者需求、提升店铺 SKU，今天几乎所有运动品牌都在走向产品专业化、细致化的道路，耐克自然也不例外，并且营销人员还为耐克的每一款产品都撰写了吸引消费者购买倾向的文案。

如图 11-1 所示，是耐克官方天猫店的运动鞋展示界面，从图中可以清晰地看到耐克为每一款产品都搭配了符合产品定位的独家文案，文案角度鲜明，不用模糊词，不拖泥带水，很值得我们学习。

男子休闲运动鞋：轻盈舒适，透气灵活

男子健身训练运动鞋：动感爆发，强势抓地

男子运动休闲鞋：瞩目造型，简约风范

男子篮球运动鞋：迅捷灵动，为赛场而生

图11-1 耐克不同款鞋的淘宝文案

女子健身训练运动鞋：轻盈网眼，灵活透气

女子跑步运动鞋：无缝覆面，轻盈灵活

女子跑步鞋：非凡缓震，出众舒适

女子运动休闲鞋：时尚舒适，复刻风范

怎么样？看过是不是有一种喘不上气的感觉，耐克不愧是具有全球影响力的大品牌，如果只从每款鞋的款式名称来看我们几乎看不出有什么差别，但经过文案人员的妙笔重新定义后，每款鞋子都有了对消费者的积极意义。

从另一个角度来看，这也是撰写文案时注重角度鲜明、不用模糊词的优势，如果模糊表达舒适、透气、运动这几个词，耐克是不太可能写出如此角度鲜明的文案的。

小提示

每种产品满足消费者的某一点需求，少即是多，仍是撰写文案的不二技巧。

11.3 同行对比，告诉买家你的宝贝更优质

常言道："是骡子是马拉出来遛遛"。与相同领域产品做对比往往是可以使

消费者比较快速地认清产品自身性能与特色。既然如此，我们在文案中也要日常拿竞争对手来做一下文章。

比如，你是一个淘宝平台上的纯棉外套卖家，你怎样才能证明自己的产品就是正品，并且能把其他的卖家比下去呢？第一，亮身份，告诉消费者自己产品的资质，并告诉他们检测自己的产品是正品的方法；第二，与同行进行对比，从各个细节进行对比，全方面超越同行卖家，更加突出自身优势。

图 11-2 所示是一家玉器淘宝店铺的文案中同行对比部分，由于平台限制及其他原因，文案中并没有说出某一位同行的名字，但和整个行业对比的意味还是十分明显的。总之，所有对比环节都是为表明自家产品优势而设。

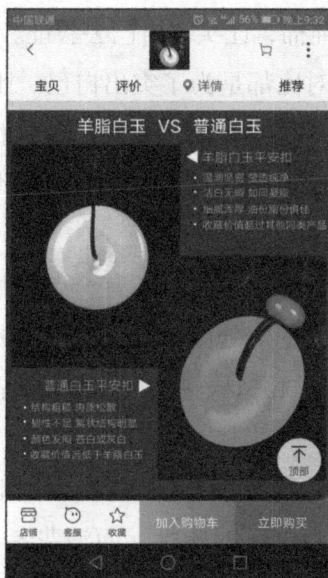

图11-2　某品牌和田玉平安扣的淘宝文案

例如，自己用的都是羊脂白玉：温润紧密、莹透纯净、洁白无瑕，如同凝脂，收藏价值远超其他同类产品。好处都是自己的。

同行用的都是普通白玉：结构粗糙、肉质松散、韧性不足、絮状结构明显，收藏价值远低于羊脂白玉。缺点都是别人的。

以上仅仅是一个同行对比的例子。在当下的市场经济时代，竞争是永恒的主题，整个淘宝平台还要每天与竞争对手进行同行对比，平台上的商家们又怎能不在文案中使用这一招呢？在写文案时，只要不做违心之论，所引用的数据全部真实，对比便是无可厚非的。

11.4　材质对比，彰显你的专业

从理论上来说，文案中可以有无数个展现卖品优势的出发点。但最基本、用户最关心的无外乎是材质、品质、效用、价值等这几个大的方向。所以，我们在文案中要重点把这些方向体现出来。

一件产品的用料讲究是给人留下良好印象的基础。不过，讲究也并不一定是非要用昂贵的、稀缺的材料，选用稍微高于一般用料的材质便是讲究的。

假如你是卖纯棉外套的卖家，那么怎样证明自己的宝贝就是正品呢？一是和同行对比，从细节处告诉卖家"我的产品更优质"；二是通过专业知识告诉买家，该如何判别纯棉与非纯棉，让买家自己去验证。

当然，文案中的所有对比都是为了突出自己。比如，产品进行材质对比也是为了彰显自己的专业性。图 11-3 所示是某品牌健腹轮的材质对比部分的淘宝文案。此文案通过对环保橡塑材料与回收塑料的对比，以及厚实钢管与老款钢管的对比，突出本店的特色。

在淘宝文案中使用材质对比手法时还有一点要时刻注意，所谓对比取胜必然是要拿自己的长处与别人的短处比，并且有必胜的把握，所以学会扬长避短是掌握这个方法的基本功，颇需要一些田忌赛马的智慧，放弃没有优势的部分，集中突出其他部分。

在写文案时如何使用材质对比的手法呢？简单地说，就是要抓住消费者在购物时的"弱点"——信息的不对称性，而消费者一般会采取两种应对方式，一是低认知模式，全凭文案介绍确认是否购买；二是高认知模式，购买前自己已经做了很多功课，这样的消费者虽然不多，却也是最有可能成为意见领袖的，一旦满足他们之后，会有非常好的口碑效果。

想要同时讨好低认知模式和高认知模式的消费者，重点便是要学会抓住对比点，而不能在文案中说，关于这款产品我们每一点都用心了，都比别人强，那是肯定不行的。所以，我们在创作文案前至少要做到以下两点。

1.分解产品属性

这个过程与我们前面提到过的寻找卖点思维在形式上有些类似，只是内容稍有不同。所谓分解产品属性无非是为了将产品的优势集中、简明地展现在消费者面前。要知道，消费者是比较懒的，需要我们将所有好处都罗列出来，他们才可能看一下。

2. 在对比中指出利益

对比本来就是人们的天性，有时就算出于一些原因我们并不想在文案中提到对手也往往会被人拿来进行对比，所以索性直接提及比较好。

但前提是我们一定要找准竞争对手和消费者眼中我们的竞争对手，这往往是不一样的。如果采访电影公司的老板，他会说读书、打游戏等所有占用人们休闲时间的活动都是其对手，但在消费者眼中其竞争对手只是别的电影公司。

如图 11-4 所示为某品牌手机充电器的淘宝文案。此文案便是通过详尽的对比，向用户展示升级款手机充电器更加坚固、耐用，而且用户可以获得更多的方便和好处，继而吸引消费者下单。

图11-3　某品牌健腹轮的淘宝文案

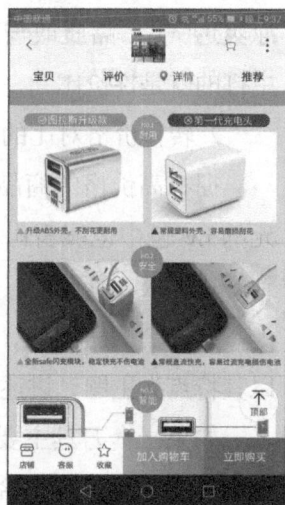

图11-4　某品牌手机充
电器的淘宝文案

小提示

本章的主题是观点型文案，如在辩论场上对比是阐明观点非常好的办法，应用到文案中同样如此。况且价值历来是说不清的，按照经济学的说法，能满足他人需求的产品就是有价值的，那么我们在塑造产品价值时便可以沿着这个思路，将一种需求满足到极致便可以获得较高的产品价值。

11.5　低价宝贝，强调宝贝品质

"消费升级"是近年来在各大商业论坛上反复被讨论的热词，大家普遍认为其中蕴藏着巨大的商业机会。但这一轮所谓的消费升级，也并不是将商品卖得昂贵的就是消费升级，如今的消费者并不会以价格为唯一导向，只要能强调合适的点，低价宝贝同样还有机会。

1. 强调宝贝品质

假如你的宝贝大多是低价商品，那么卖家最怕的就是假货、质量问题。此时最需要说明的便是自己店铺的商品没问题，通过文案、图片强调宝贝品质，让消费者放心。

如淘宝上一款促销价为 89 元的男士亚麻裤详情页文案中的一部分，虽然裤子价格不贵，但"精选面料""带着舒适纤维特性的感觉，融合棉的柔软与麻的凉爽透气"，品质敢与高档品牌相媲美，穿出去很有面子，再加上一句"我们主打的就是性价比"，完全将低价的标签变为高性价比的优势。

2. 转移价格对比的方向

拥有高价格的商品会给很多人带来满足感，我们从很多人动辄购买几十万元的 LV 包中也能看出。但这个高价格标签的背后也有一些花很多钱也没有买到好货的人。基于此，我们同样可以把这些观点引申到文案中。

如一套厨房刀具，如果是价格很贵的高端刀具，文案人员往往会在文案中以其特点为主题，讲述选材、锻造及包装都是十分讲究的，营造出高档的氛围。

如果一套刀具主要面向价格较为实惠的低端市场，再用以上这些适合高端市场的思路就不是很合适了，需要转移思路，如将其营造为一套适合追求品质生活的人使用的刀具。在如今的舆论环境中，有品质的生活是并非与金钱有直接关系的，这个情况为你创造了机会。

在淘宝上卖厨房刀具，如果不是老字号店最好还是不要用"百年传承"之类的词语，而是应更多强调"持久锋利""永不生锈"这些使用价值。同时在背景图片的选择上，也应该尽力给人一种追求成为生活达人的感觉——用的刀虽然不贵，但可以追求更好的生活品质，非常值得。

此外，强调性价比也是转移价格对比方向的好办法，世界上并不是所有最好的东西都是最贵的，重要的是我们能发现降低成本的办法，使消费者获得物美价廉的产品，而不是让他们去做价格上的冤大头，当你使消费者接受这个观点时，低价格便是你打败其他人的法宝。

> **小提示**
>
> 虽然数字也是会骗人的，但相比文字，数据在增加直观性之外，确实有增强人们信任度的特点。尤其通过一些手法将产品数据加以选择性表达时，突出产品优势的效果将更加明显。

11.6 高价宝贝，强调宝贝价值

当然，我们也不能总是卖廉价的商品，这样做很难获得溢价收入，利润也要少很多。高低价格各个段位合理搭配才是比较稳定的价格体系结构。下面，我们便来谈一谈高价宝贝的文案写作技巧。

与低价宝贝文案中要重点突出宝贝品质相对，高价宝贝的文案需要强调的是宝贝价值，低价宝贝要为消费者营造出物超所值的感觉，那么高价宝贝也要营造出物有所值的感觉，通常有以下几种方法。

1. 突出社会劳动时间

既然要强调宝贝的价值，那么我们就要先回到价格的本质，价格的本质是什么呢？即产品身上社会必要劳动时间的综合。很多奢侈品之所以奢侈，有时并不仅仅是它的材料来源是多么的稀缺，而是加工它需要耗费很多人的劳动时间，这构成了它的价值。

图 11-5 所示是某品牌红酒的淘宝文案，但它并没有直接写红酒而是写葡萄酒酿制的过程需要经过 10 年，这就是典型的突出社会劳动时间的做法，过程或许并不复杂，但时间赋予了价值。

2. 经受挑剔目光的价值

很多工具、用品都有更廉价的替代方案，但为什么我们还要买非常高档的电饭煲而不是廉价的电饭煲来煮饭呢？原因就是高档电饭煲能经受挑剔目光的考验。

这个例子也变相回答了什么是高档产品，即有格调、能经受住挑剔目光的产品。不过，我们在借助文案推销它们时可不能总是盯着这一点不放，想要刺激消费者的购买欲，更重要的还是需要将这些产品的优势和特点变为消费者追求的一部分。

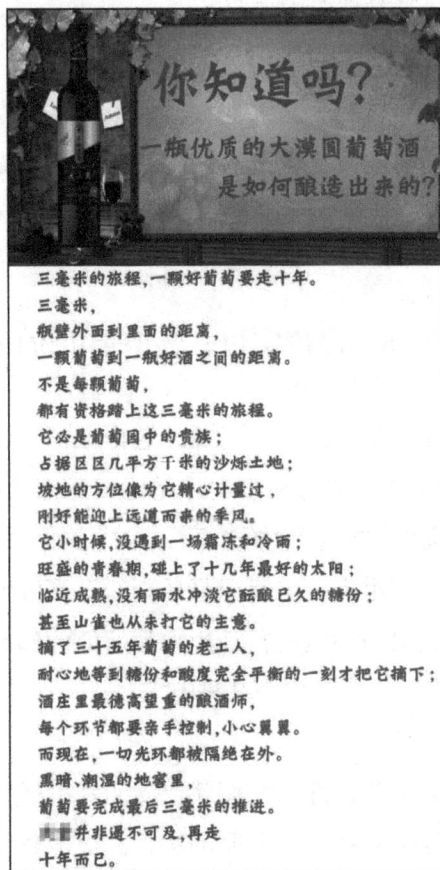

图11-5　某品牌红酒的淘宝文案

3. 自我奖赏的价值

有的人虽然比较辛苦，但却不舍得在自己身上消费，那么购买高档品对他们而言肯定不是日常消费的主流形式，而只是偶尔奖励自己的方式，我们在文案中也要时常体现出这一点。

具体的做法是给消费者提供一个自我奖赏的理由，减少他们所谓挥霍金钱产生的负罪感，只要将这一点打通，其他都是水到渠成的事情。典型场景如下。

加班太辛苦，今天吃点儿好的。

学习太劳累，今天吃点儿好的。

今天出差了，吃点儿好的。

周末又到了，今天吃点儿好的。

今天回家了，吃点儿好的。

为别人操心太多的你，今天关心自己一次，吃点儿好的。

难得跟同事吃顿饭，今天吃点儿好的。

难得跟女朋友吃顿饭，今天吃点儿好的。

可能有的人看过以上这些理由后会觉得这完全就是自相矛盾，如果按照这样的说法，岂不是任何理由都能刺激一个人去消费？是的，有些理由看起来确实很牵强，但实际上很管用，因为消费者需要的仅仅是一个理由，而不在于理由是什么。

11.7 用事实说话，不哗众取宠

"事实胜于雄辩"是大家都明白的道理，但想要真正做到用事实说话，实际上也并不是一件容易的事情。

用事实说话，也一定要运用技巧将事实表达清楚，这是很多人没有弄明白的，认为选择性表达就是油嘴滑舌的一种表现，这样的想法是错误的。

图 11-6 所示是某品牌电暖宝的淘宝文案，商家注意到大众对电暖宝的需求无非快速加热、安全充电、防爆炸等实质性功能，所以商家在文案风格上也选用朴实风，不哗众取宠，用事实说话，详细阐明店铺售卖的电暖宝的安全性、多功能性，使消费者一眼便能了解产品特性，对购买率的提升很有帮助。

根据相似的思路，我们在撰写商品的文案时语言一定要平实、接地气，千万不要使用一些所谓"高大上"的词语，否则最终只会让你哗众取宠。

一个总的原则便是让事实具有画面感，而不是抽象、模糊、难以想象。如一家教育机构提出"我们追求卓越，创造精品，帮你与时俱进，共创未来！"除了能感动自己还能产生其他的实用价值吗？而如果将文案变为"我们提供最新的知识，以帮你应对变化的世界。"显然就变得真实可感。

根据同样的道理，我们可以看到，当年 mp3 产品普遍使用的"纤细灵动，有容乃大"广告语，在史蒂夫·乔布斯推出 iPod 后彻底改变，变为"把 1000 首歌装到口袋里"；某些芝麻糊产品总是用"传承制造经典"这种自以为很有情怀的话语来做广告，殊不知它的效果还不如"小时候妈妈的味道"更能打动消费者；而如果去面试，面试官其实早就听烦了"我有责任感、使命感，一丝不苟、吃苦耐劳"之类的套话，换成"我为了 1% 的细节通宵达旦，在让我满意前决不放弃最后一点儿改进"往往可能有奇效。

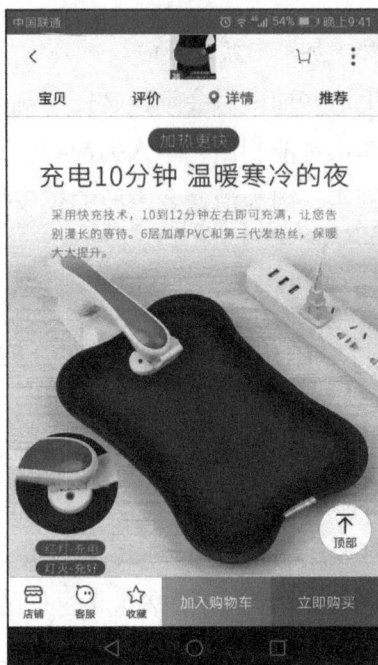

图11-6 某品牌电暖宝的淘宝文案

以上这些例子都是将事实更好地表达出来而已，完全没有添加任何额外的"作料"，反而比那些哗众取宠的"假大空"的词语要强得多。

11.8 附带数据佐证，突出爆款

本章的主题是观点型文案，那么既然是提出观点，自然便要对提出的观点加以证明才可以打动消费者。将产品夸上天、达到口吐莲花的效果固然是一件本事，但往往也容易让人学得"卖瓜，自卖自夸"，所以在文案中附带数据进行佐证是必要的，最终达到突出爆款的目的。

在文案标题中我们要注重对数据的使用，有时你的文案点击量低，很可能只是差了一个数据而已。

在淘宝文案的写作中数据是非常重要的一点，"销量率先突破 100 万台"已经是大家耳熟能详的文案用语，但在文案中只强调销量显然是远远不够的，如果能将消费者的一些痛点功能加以量化，自然可以为文案添彩不少。

图 11-7 所示是某品牌墨盒的淘宝文案，文案中并没有直接强调该品牌墨盒的售价是多少，而是将成本均摊，如这个墨盒可以打印超过 8000 张 A4 纸，每张 A4 文档打印成本低至 0.01 元，试问还有比如此低的价格更让人心动的吗？

图11-7　某品牌墨盒的淘宝文案

当然，以上这种将功能或成本量化的方式仅仅是众多手法之一。如表 11-1 所示，笔者为大家总结了 5 种数据佐证文案标题写法，都是常见的、实用的方式。

表11-1　5种数据佐证文案标题写法

原有文案标题	数据佐证文案标题写法
用了这个面膜，我的皮肤变好了	只用了3天，这个面膜就使我的皮肤焕然一新
学习了这个课程，我涨了工资	学了1个月的课程，我的工资涨了5倍
好文案与坏文案的区别	月薪3000元的文案人员与月薪30000元的文案人员的区别
使淘宝店日进斗金的运营秘籍	这10条运营秘籍，使他们的淘宝店月入上百万元

当然，除了文案标题，正文中更要利用数据来突出爆款。图 11-8 所示是某品牌吉他的淘宝文案，其中便重点使用了附带数据进行佐证突出爆款的方法。如"热销 13000 支""同样的产品和价格，为什么我们卖得多"，这两句话直接突出该品牌吉他质量上乘、深受消费者喜爱这一优势，胜过任何花哨的言语表达。

以上所有的方法都是基于"Don't make me think"这句名言，用数字直接展示、对比，突出产品爆款优势，加深消费者印象，是写文案的基本手法之一。

图11-8　某品牌吉他的淘宝文案

11.9　买家见证：尽量用各类截图表达

本章前面的内容反复讲述卖家应该如何做才能更好地销售商品。要知道，买卖本质上是一个双方互动的过程，买家反馈信息运营得好，同样可以获得相当好的效果。

通常情况下，买家并不轻易相信卖家，而更愿意相信和自己同属一个阵营的买家，根据这种情况，可以采用买家见证的方法。图 11-9 所示是某翡翠手镯的文案中的买家见证部分，大部分买家都认为自己对翡翠没有专业级别的鉴定专业知识，又怕自己被卖家欺骗，所以更愿意看看其他买家的售后感受。对于这类产品，证言广告是非常有效的。

以上只是举一个小例子，做好买家秀部分往往需要以下这些步骤。

1. 召集买家，主动出击

买家在收到货后，很可能会在朋友圈炫耀一下，但未必有动力来上传买家秀。此时便需要卖家主动出击，从店铺装修、售后卡片及客服告知等各个角度给买家一个理由，通过返现、抽奖券等方式给买家以动力，让他们上传买家秀。

2. 将买家秀放到合适的位置

搜集到合适的买家秀后，还要懂得将买家秀放在合适的位置，以避免浪费资源。要知道，正确的位置可以给卖家带来可观的流量和口碑。

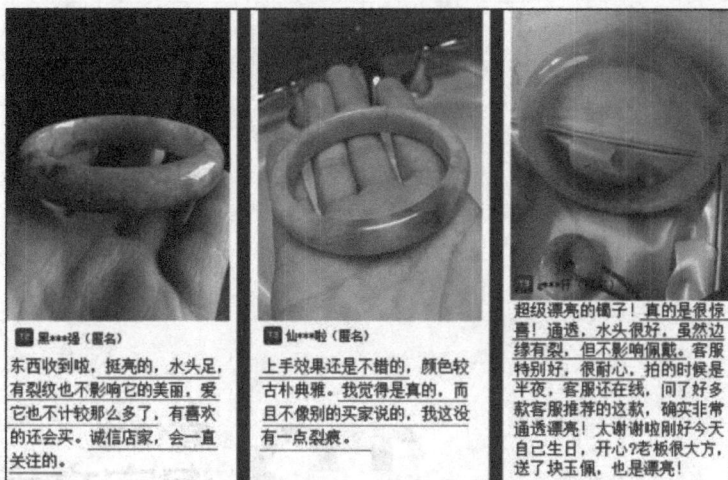

图11-9 某翡翠手镯的文案中的买家见证

经典的位置便是店铺动态广场，卖家可以对上传的买家秀进行选择和一些必要的加工，如每天选一些放到店铺的动态广场中，不要一次性投放过多，要细水长流。还要从买家关心的角度展示产品，回应问题，并附上购买链接，只要能坚持下去，增加点击只会是时间问题。

此外，用户评价部分也是一个非常好的展示位置，新用户进店购买产品时，往往会受到客户评价的影响，尤其对于置顶位置的买家评价，一定要精雕细刻，否则会对销量产生很大的影响。

不过，精雕细刻并不是矫揉造作，图片一定是要生活化而不是有明显处理痕迹的图片，毕竟亲切感才是产生信任的基础。

淘宝文案详情页的一部分也可以加上买家见证，卖家可以将一部分自认为不错的买家秀整合成图片放入详情页中，这样既可以节省新顾客翻评价的时间，同时也可以全方位展示产品受欢迎的一面，给买家提供信息。

小提示

> 无论前面提到的哪一种文案写作方法，最终目的都是促成店铺订单的增加，店铺只有拿到足够的订单才能生存下去。一切文案形式都是为流量、订单转化率、购买率服务的。

CHAPTER

12

第 12 章
淘宝文案推广技巧

|||||||||||||||||||||||||||||||||||||

前 11 章阐述了淘宝文案从资料采集到创作技巧的全部内容，相信已经有很多人在摩拳擦掌，写出了很多令自己满意的文案。文案工作历来都是一个持久战，创作阶段完成后，我们还要进行必要的推广工作，这其中也存在着不少技巧。

12.1 分享与宝贝相关的专业知识

前面已经重复提到了很多次，如今的消费者都很"挑剔"，不仅是对产品的外观、质量挑剔，而且还对产品的广告形式、精神追求也都是很挑剔的。

如今，互联网上信息泛滥成灾已经是不能避免的一种现象，想要依靠简单的粘贴复制、模板套用自然也很难再生产出能吸引更多目光的内容来。这一点同样适用于文案，文案中若不说点儿干货是几乎不可能从冗余信息中脱颖而出的。

况且如果一直只是以华丽的词语来包装产品，而绝少提到产品的相关专业知识，往往会在消费者心目中形成一种花里胡哨、不脚踏实地的感觉，这同样是不利于产品推广的。

所以，我们在对淘宝文案进行推广时，第一个能用到的技巧便是分享与宝贝相关的专业知识，让消费者了解到宝贝所能起到的作用和所能解决的问题。

1. 突出问题，引出产品

图 12-1 所示是某品牌洗衣机清洗剂的淘宝文案，这部分文案主要探讨的是洗衣机机槽污垢造成的二次污染，"很多污垢都附着在洗衣机机槽内壁上，真的很脏！"水垢、污渍沉淀物、人体分泌物等各种污垢在使用一段时间后都会残留在洗衣机内壁上，虽然平时你凭肉眼并不能直接看见，但它会形成二次污染。

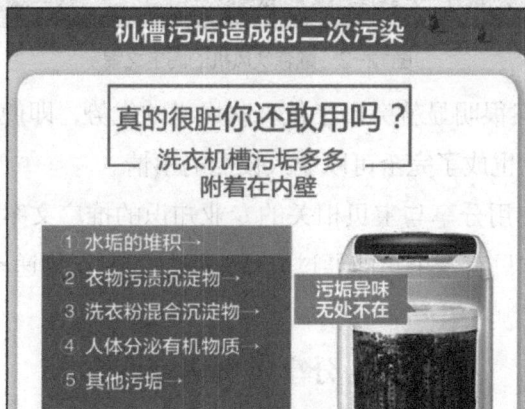

图12-1 某品牌洗衣机清洗剂的淘宝文案

很多消费者在生活中都会遇到该文案提出的问题，自然就会经常关注相关的信息，产品正是利用这一点来推广文案，在给大家介绍这些污垢的危害时，也顺势宣传了产品。由于文案前文的铺垫充足，消费者自然也很受用。

2. 突出产品优势

在淘宝文案中分享与宝贝相关的专业知识，不仅可以让消费者意识到购买这款产品的重要性。同时还可以在讲述产品周边相关专业知识的同时，突出产品独一无二的卖点，提升产品价值，完成产品溢价。

图 12-2 所示是戴森吹风机在淘宝平台上的部分文案，在这一部分戴森分享了一条吹发温度与保护发质之间的关系，让消费者知道当头发暴露在温度超过 150℃的环境中时发芯会出现空洞、失去光泽的危险。而戴森吹风机则采用了普通吹风机所没有的智能温控技术，可以防止头发过热损伤，使头发可以呈现出耀人的光泽。

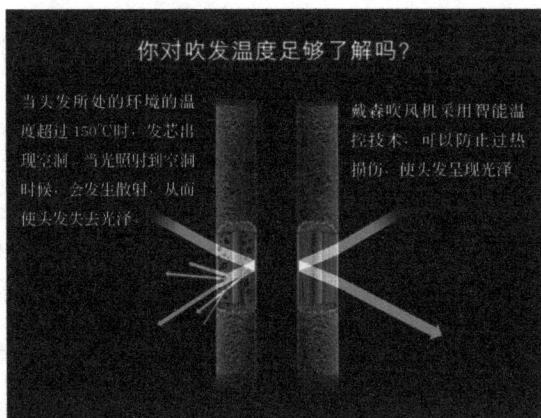

图12-2 戴森吹风机的淘宝文案

图 12-2 的文案很明显就突出了戴森吹风机的优势，即使价格高出市场上的普通吹风机数倍，也成了完全可以令人接受的事情。

以上便是在利用分享与宝贝相关的专业知识的推广文案时经常用到的两种方法，最终的目的只有一个，即通过分享知识的同时，传递出产品自身的优势。

12.2　分享宝贝实用价值

营销学上在讲述如何通过各种方式让消费者对产品产生印象时，往往会提到"诱因"理论。顾名思义，"诱因"理论是通过各式各样的诱因让消费者记住产品。

理论上讲，这种诱因最好是基于高频需求的，如 OPPO 当初那句著名的广告词"充电 5 分钟，通话 2 小时"便是基于手机充电这个高频诱因，用户每天至少也要充电一次，而一旦没能及时充电耽误事情时就非常容易想到 OPPO 手机这句广告词。

后来闪充技术在手机行业完成普及，OPPO 手机及时变换了广告语的方向。"充电 5 分钟，通话 2 小时"不再作为主打方向，而是换成了另一个还未被完全满足的高频需求——拍照，变成了"这一刻，拍照更清晰"，也取得了相当不错的效果。如图 12-3 所示，华为的"人像摄影大师"、小米的"拍人更美"、vivo 的"前置 2000 万像素柔光双摄像头，照亮你的美"都是对这种方式的跟进。

品牌	广告语
OPPO R11	前后 2000 万像素，拍照更清晰
vivo X9	前置 2000 万柔光双摄像头，照亮你的美
华为 P10	人像摄影大师
小米 6	变焦双摄像头，拍人更美
金立 S10	四摄像头拍照更美
Nubia	双摄像头，更清晰
一加 5	高清双摄像头 就是清晰
坚果 Pro	超级双摄像头

图12-3 主流国产手机拍照功能广告语

大多数人在购买手机时关注的实用价值就是手机的拍照功能，厂商在宣传时反复推广这条广告语所收获的效果就是非常好的。

当然，实用价值是可以从多个维度体现出来的。手机充电这项功能，除了应用闪充技术加快充电速度，这么多年来没有再增加新的优化方向。如锤子 M1 手机文案，讲述为手机充电插头加入发光设计，极大方便了在黑暗环境中需要充电的人群，再配上一句"微小亮光，巨大的关怀"宣扬实用价值，彰显了品牌的情怀与格调。

再比如，推广乐器、药品这种最终均是以效果为判断前提的商品时，实用价值同样是非常重要的考量，图 12-4 所示的某品牌吉他的淘宝文案，为什么"选择卡斯摩"，因为"3 天上手，10 天弹唱""简单易懂，不需要太多音乐，携带方便，随时随地边弹边唱"。

总之，在目前这个功利主义主导的世界，大家无论做什么都是要计算投入产出比的，在推广产品文案时同样也需要凸显商品的实用价值。

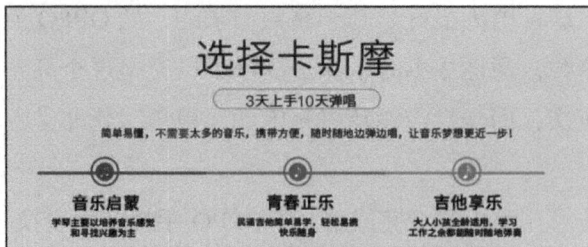

图12-4　某品牌吉他的淘宝文案

> **小提示**
>
> 　　实用价值是一款产品打开市场的最重要利器。无论你请来多少明星代言、使用什么样花哨的手段，最终消费者还是会以商品对自己的实用价值来判断是否购买这款商品。所以，淘宝文案中的内容要满足消费者真正的需求而不是去满足伪需求。

12.3　分享宝贝热点新闻

　　蹭新闻热点进行产品营销已经是一种很常见的情况，其方法可以大致分为3种：宝贝身处热点中，加以宣传；贴上热点；主动创造新闻热点。

　　1. 宝贝身处热点中

　　无论现代监测手段已经多么先进，天灾还是无法预料的。意外一旦发生，则必然会引起全民性的关注，而如果品牌在此时能有良好的表现，自然会加深人们对它的印象。

　　例如，2016年在我国湖北麻城大雨造成城市内涝，给人民生活带来巨大不便，"饿了么"送餐员坚守岗位，坐在充气船上一边坚持送餐，一边还帮助居民渡水，以每一张照片都能非常清晰地看到"点外卖，就上饿了么""送外卖，我们是认真的"这些广告语来看，图12-5所示是特意拍摄的一组用于宣传的照片，但是"饿了么"相比其他外卖平台的表现，使它获得了相当好的口碑传播。

　　2. 贴热点

　　如果产品不能幸运地身处热点中，那么就只能"厚着脸皮"去贴热点了，一般而言，体育赛事尤其是足球这种高关注度的热点话题最容易成为品牌争相追逐的新闻热点，效果往往相当不错。

图12-5　暴雨中依然坚持工作的"饿了么"送餐员

　　经典案例有图 12-6 所示的腾讯手机管家的文案，当时中国队刚刚在亚洲杯足球赛以 1∶0 战胜韩国队，马上引爆了一场近乎全民同庆的狂欢，在这样的大热点下，腾讯手机管家结合自身产品特点推出"守得住，才能赢得稳！有实力，无所惧"的文案，巧妙地借东风，传播效果明显。

图12-6　腾讯手机管家的文案

3. 主动创造新闻热点

　　主动创造热点是高层次的方法，不仅可以让产品成为事件的主角，更重要的是，既然整个事件都是由产品运营方主动发起的，节奏控制可以掌握在运营方的手中。

　　经典的案例便是图 12-7 所示的网易云音乐联合杭州地铁推出的刷屏各大门户新闻的"乐评专列"活动。这场活动中网易云音乐精选 APP 中用户点赞数最高的 85 条乐评并贴满杭州地铁 1 号线，由于这些乐评"戳中泪点"，纷纷戳中网友内心最柔软的地方，引起很多人拍照转发，上千个微信公众号自发报道，最终引起了门户网站的注意，纷纷在头版报道这一事件。

图12-7　贴满网易云阅读乐评的杭州地铁

这场活动后，本就十分受欢迎的网易云阅读，经此一役更是声名大噪，不仅在大众圈中受到追捧，而且还在精英圈内的讨论之声也日渐增多，取得了远超预期的传播效果，甚至连整个网易集团的口碑都上了一个台阶。

> **小提示**
>
> 　　虽然身处热点中与自身创造热点时，产品与品牌都有可能得到非常好的曝光效果，但对大部分通过淘宝店铺售卖的商品而言，这都是可遇不可求的。所以，对于淘宝文案创作者来说，重点还是要研究怎样蹭热点，如果一个文案人员蹭热点的工夫成熟，他不想使文案引起大家的注意都是困难的。

12.4　分享买家优秀反馈

影响人们购买动机的要素有几个方面：产品的实用价值、价格，产品质量，以及大家对产品的评价。而按照最新的调查显示，当一般买家在淘宝平台上进行购物时，先浏览的是主图和价格，随后浏览以往顾客的评价与反馈，如果价格合适，以往顾客的反馈又比较好，那么下单的概率就会非常大；如果买家反馈不好，则买家极有可能会关闭页面换另外一家店铺。

在实际操作中，存在一种非常流行的评价卡首屏技术，即长期使一些优质评价出现在评价页面第一位而不掉到后面的方法，这样做可以避免在评价首屏出现中差评，避开不利评价，降低跳失率。

图 12-8 所示是在微博平台上一次通过分享买家反馈的推广方式，简短的几句话充分说明了产品的优势，并且这种优势是借用买家之口说出的，可信度上升不少，对于有这方面需求的消费者来说，有很大的吸引力。

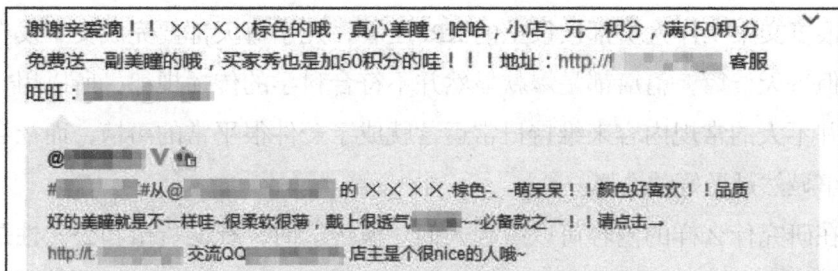

图12-8 微博上分享买家反馈的推广方式

根据实战经验总结，想要利用好买家反馈，还需要做好以下几点。

1. 买家反馈的字数

一般而言，买家反馈的字数越多效果越好，淘宝平台上买家反馈的字数越多越靠前。所以在店铺利用活动引导顾客进行评价时，最好要求写够评语字数，并且评价的内容也一定要围绕着动态评分的三项内容（服务态度、发货速度、物流速度）展开评价，写得越具体越好。

2. 晒图评价

晒图显然能增加评价的真实性，所以在评价中尽量晒图并且使晒图评价尽量靠前，图片越多越好、越真实越好，最好是 5 张都晒满。有一点需要格外注意的是，既然是买家反馈而不是卖家做宣传，反馈中的图片就要尽量用自然光线下拍摄的手机图片，千万不要加入产品宣传图，图片的美观度是上升了，但实际上所能获得的效果是变差的。

3. 追评后再晒图

相比一般反馈，追评显然更能引起消费者的关注，突出使用产品的前后对比和使用感受，这正是尚未购买的消费者最需要获取的信息，所以这一点一定要利用好，至于追评的点要从消费者的角度出发，消费者最关心的点自然是看得最多，也是卖家需要重点布置的。

12.5　分享社会热点和趣事

本章曾提到"分享宝贝热点新闻"的方法，这些方法从自身出发找热点。而以下要讲述的"分享社会热点和趣事"的方法则主要是用于配合日常文案的发布。

很多文案工作人员都被很重的 KPI 压着，几乎每天都要完成文案发布的任务，但每天一篇，篇篇都是爆款显然并不符合科学的传播规律，所以用一些波动性并不大的常规内容来维持日常运营就成了一件很平常的事情，而社会热点和趣事显然是最好的选择。

在研究什么样的内容可以引起人们"疯传"时，社交货币和公共性是两个绝不能忽视的点，所谓社交货币（"罗辑思维"的罗振宇经常会用这个词）便是人们在社交圈中提到、转发这些文案时为其带来的满足感，公共性则是文案所提到的事情要有一定公共基础，足以表现出转发者关心国家大事的效果，否则像那些特别八卦的绯闻，即使大家对其关注度并不低，也没有几个人会主动转发。

转发、分享一些社会热点并做简单评论可以让受众注意到你是一个非常有情怀、担当的品牌，而分享一些趣事则可以表明你并不是一个无聊的品牌，图12-9 所示是小米手机对小米 6 的推广文案之一，恰逢毕业季，拍照留念是一件非常重要的事情，小米手机则顺势抓住了这一点，关心起广大毕业生们的毕业照质量及大家在大学经历的趣事，再加上转发随即送一部小米 6 手机的激励，获得了很不错的效果。

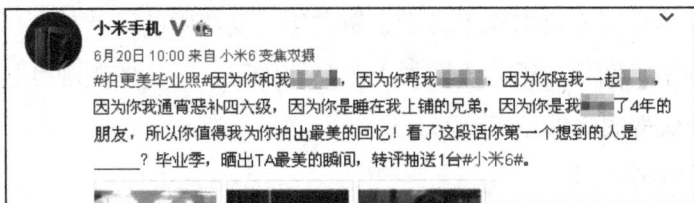

图12-9　小米手机微博推广

如此看来，关注社会热点的公共性与有趣二者并不矛盾，一个人既可以关注社会又风趣幽默，一个品牌的文案又怎么不可以这样呢？只要符合品牌风格，都是可以加以利用的。

12.6 学会 @，经常与粉丝进行互动

如今，用户不仅仅是用户，而是朋友、粉丝，已经成为所有企业进行营销时的共识，那么既然是"有温度"的朋友，则必然要像我们日常生活中那样经常拜访、互动才能增强彼此之间的情感连接，网络上的互动也自然必不可少。

同时，由于微博等开放的产品形态，我们在互动过程中可以通过 @ 各路大 V 的方式，通过他们具有的影响力来扩大传播范围，实现粉丝增长。

1. 互动对象

除了自己的粉丝，既然我们要开展一场声势比较大的营销活动，完全可以顺带 @ 一些名人、达人等在相应领域中具有一定影响力的人物。当然，前提是这些大号的定位要与我们传播的内容的定位相一致，这样才能使他们的粉丝进行传播。

图 12-10 是海尔在微博上与几位网友的一则互动内容。品牌在社交网络平台上往往会变成一种人格的化身，与网友们产生情感上的联系也是正常的，@ 这些网友后，只要微博内容足够好，获得二次传播的概率相当高。

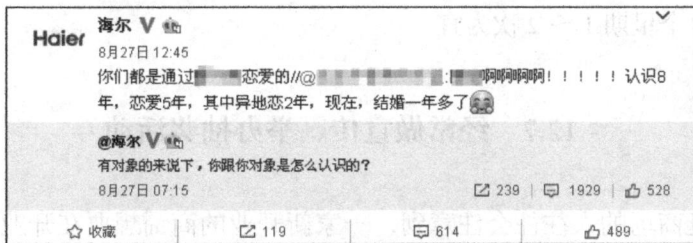

图12-10　海尔在微博上与网友们的互动

2. 互动内容

从概率上讲几乎任何内容都有引爆流行的潜质，但在实操层面是不可能实现的。如果我们能细心总结，很快就会发现，能引起快速而广泛传播的内容无非集中于以下几个层面。

（1）神秘性。抓住用户的好奇心理。如带有预告性质的——今晚 10：00 将有大事发生。

（2）筹智性。利用很多用户希望出头、赢得别人赞扬的心理。如在微博上经常出现的"××怎么办？""有一个××，是种什么样的体验"等问题形式，

虽然招数已经很老土，但往往还是有很多人愿意回答。

（3）娱乐性。谁都喜欢有趣的东西，讨厌无聊的东西。尤其在当下有些浮躁、喧嚣的网络氛围中，定期发送一些有新意、有趣的内容，往往是一种比较好的互动形式。

（4）奖励性。占便宜会给人一种满足感和愉悦感，金额的多少未必是决定因素，重要的是氛围。

（5）技术性。分享一些实用的小技巧，以及使用过程中的保养、维护常识等，大家对这些内容还是很感兴趣的。

3. 怎样互动

一般情况下，可以通过以下几种常见的方式进行互动。

（1）引用原话，并 @TA（他 / 她）。

（2）转发 TA 的微博并加入自己的观点形成互动讨论，并且在互动评论的同时完成了对微博推广内容的再一次展现。

（3）发布相关微博，并 @TA，这往往需要提前协商好互动时机。

除了内容，还需要注意一下互动的时间和频率。说白了就是惦记 @TA 的人很多，如果时间错位太大，互动信息将很容易被淹没，频率也是出于同样的考虑，一般 1 个星期 1 ～ 2 次为宜。

12.7　经常做宣传、举办抽奖活动

经常逛商场的人往往会注意到，一家新开业的商铺想要在开业初期打开知名度、获得比较好的营业额，最好的办法便是做宣传、举行抽奖活动，线下商铺如此，线上通过文案进行产品宣传时同样如此。

如今，几乎已经没有哪一个商品领域不是买方市场了，卖方往往要求着买方才能得到一次文案被看到的机会。所以，卖方在每一次寻求买方关注时让出一点儿利益，现在看来已经是一个必要的条件。

从另一个方面来看，无论文案写得多么生动、有趣，本质上还是广告，当文案广告出现在消费者眼前时，多多少少都会在消费者心中产生"私人领地被侵犯"的感觉，毕竟绝大多数人上网时都是奔着寻找有意思的内容解决无聊，而不是看广告解决无聊的目的去的。这时用"抽奖活动"作为一点儿小小的"补

偿"，店铺并不会负担太多的成本，给消费者的感觉却大不一样。

这样的例子很常见，如图 12-11 所示，当品牌方通过社交媒体推广淘宝文案时，效果提升显著，陈年在推广凡客诚品的文案时仅仅负担了 10 件童款 T 恤的成本，却引来了 1207 个转发。

消费者转发时并不附加其他成本，仅仅转发一下就为自己赢得了一次成为幸运儿的机会，尽管机会渺小，但总胜过没有；而品牌方对 10 件童款 T 恤的成本几乎可以忽略不计，却可以引来很好的转发效果。双方是共赢的。

正是基于这样的考虑，用抽奖活动的方式来刺激文案推广几乎成为所有品牌、淘宝店铺的一种主流的推广方式。图 12-12 所示是魅族手机进行手机新品发布会前的文案。手机行业中，文案准备、预热在新品发售前 1 个月便要开始了，这些工作直接决定着发布会的影响力及后续的销售效果。

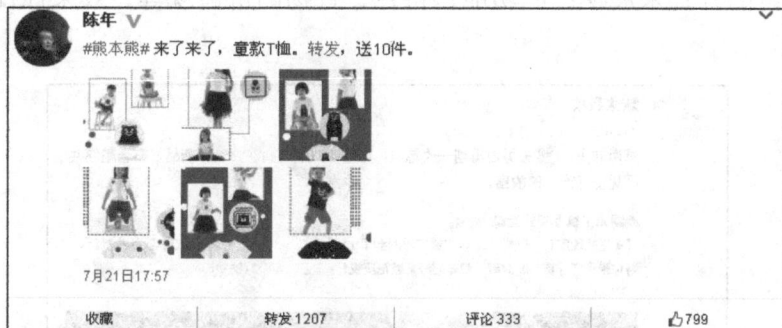

图12-11　陈年在微博上推广的凡客诚品

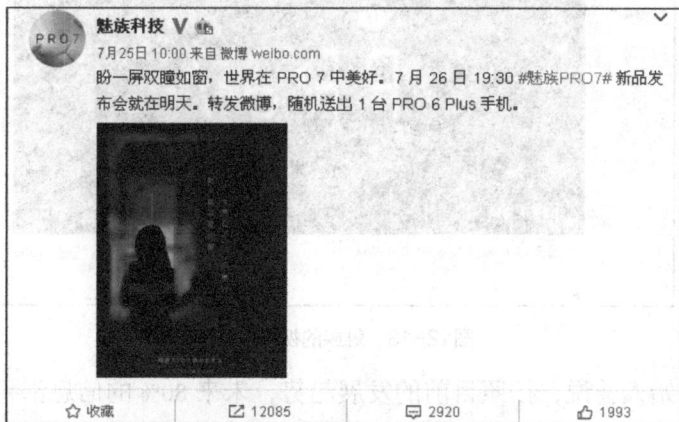

图12-12　魅族手机的微博文案

如图 12-12 所示，魅族采用的转发送礼品的活动形式，在一天之内的转发人群中随机抽出一位，送出一台魅族 PRO 6 Plus 手机，结果获得的转发量是12085次，平均下来每次转发的成本只有0.2元，是任何一家企业都可以接受的。

12.8 视频、图片一个都不能少

当然，即使有奖转发的成本不高并且所获得的效果也不错，利用次数也不宜过多，否则长此以往消费者就对这种奖励刺激产生麻木。常规的内容形式是"文字＋美图"，它是更日常的、可持续的形式，传播效果则主要取决于图片是否设计得扣人心弦。

此外，即使做到了图文并茂，又怎能不顺应当下最流行的视频化趋势呢，视频、图片一个都不能少，发布一些视频化的广告文案，如图 12-13 所示，用更加丰富的方式来展现产品功能、特色、宣扬的价值观等，效果往往要优于文字。

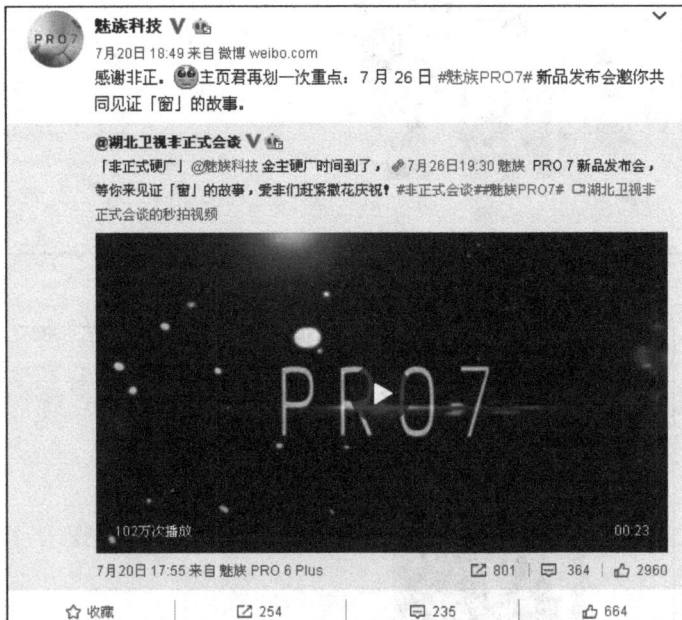

图12-13 魅族的视频式文案

谷歌创始人曾说，按照目前的发展趋势，未来80%的信息都将用视频化的形式进行传播。我们再看看当下主流平台上一段高质量短视频的播放量和转发量，文案人员能不重视视频的力量吗？

12.9　多评论、多转载

当发出的文案被网友评论、转发或"转发＋评论"后，品牌方要对这些评论、转发加以回应，这样做既可以增长互动、增强黏性、使内容在平台上迅速火起来，同时每一次评论、转载都是使最初文案再一次曝光，如果顺势还能与某一个大 V 形成互动，效果会倍增。

如图 12-14 所示是魅族手机在推广新品时对上述方法的运用，评论、转发其他博主对其他产品的评论。进而再将主题引至自己身上，利用原微博较高的热度，达到宣传自己的目的。

图12-14　魅族科技在宣传时的评论与转载

小提示

想要宣传一篇淘宝文案并使其获得比较好的效果，其实是一个系统性的"工程"，视具体情况，将多种方式方法整合、灵活利用，最终获得最佳的宣传效果才是法则。

CHAPTER

13

第13章
淘宝文案
多平台发布技巧

虽然气味会不断飘散，但酒香依然怕巷子深。文案的目的在于推广产品，而如今信息爆炸面对的形势是，连文案自身都需要借助其他推广渠道推出去。所以，在本书的最后一章，我们重点谈一谈淘宝文案多平台发布技巧。

13.1　QQ 空间推广

QQ 自从成为大众普遍使用的即时通信工具后，十余年未曾从领导位置上跌落，如今仍然是非常重要的推广渠道之一。

用 QQ 空间进行文案推广还是有其得天独厚的优势的，因为 QQ 空间是开放状态，Q 友均可以进行转发，这一点则是微信朋友圈所没有的；而相比微博，QQ 空间大多数情况下为熟人关系，更容易让人产生信任感；通过开通企鹅自媒体经营一段时间后还可以开通 QQ 公众空间，这类似微信公众号的形式，如今也成了 QQ 空间相对其他渠道的一个竞争优势。

下面，我们来具体说一说该如何玩转 QQ 空间推广。

1. 设置隐私及空间权限

设置隐私及空间权限的目的是保护个人隐私，在完善 QQ 资料时，最好尽量填写真实的信息，视自己的情况而定，总之资料越真实，有人看到后所能产生的信任感越强，越利于引流。

同理，QQ 账号的等级越高、Q 龄越长，所能产生的信任度自然越高，建议起步至少是一个 Q 龄 3 年以上的太阳号。如果同时再能开通 QQ 会员和各种权限，那么是再合适不过的了。

2. 装扮 QQ 空间

淘宝店需要装修，QQ 空间自然也是需要装扮的，PC 端的格调、手机端的 QQ 照片墙都是要精心布置一番的，至于名片最好也要刷一下，如果太低了，不会给人很好的观感。

下面，便是对空间内部进行完善，如果自己长得还不错，那么最好是将自己的美照放到相册中；如果自己并不喜欢出镜，也可以在网上找一些照片用于吸引人。这里可以将权限设置为仅好友可见，当吸引力足够时就可以让想看你相册的人加你。

除了相册便是空间日志和说说了，相册不能过多堆砌产品图片，日志和说说同样如此。当然，无论是 QQ 相册，还是 QQ 日志和说说推出产品文案只是偶尔为之的事情，更多的时间还是将其打造为一个非常有意思、受欢迎的 QQ

空间，那样会有人气。

至于在题材的选择上，鸡汤、笑话、美食、故事、生活分享可以兼而有之，可以多准备一些，每隔两三小时就穿插着发一篇。

3. 加好友引流量

将 QQ 空间装扮好后，我们便要出去加好友、我们可以先在百度上搜索"QQ 空间排行榜"，找到那些每天访问量很大的大号，进入他们的空间，找到日常访客部分，这是非常好的添加好友资源。

当然，极端时会出现 QQ 好友被加满或到达当天添加好友数量限制的情况，好在这也并不是让人懊恼的事情，至少证明我们已经积累了一定数量的优质好友。再者我们还可以开新号再加好友，并对这些好友进行筛选。

13.2　朋友圈推广

自从微信成为所有人的手机中必装软件之一，朋友圈也渐渐成了各路营销推广的必争之地。要不要屏蔽那些没事就在朋友圈发广告的好友一度成为大家热衷讨论的话题，可见，在朋友圈推广文案已经成为一种常态。

想在朋友圈获得好的传播效果，我们便不能没有互动、没有价值，而是要源源不断向其中注入对他人有吸引力的东西，同时还不能惹人烦。

1. 塑造专家身份

无论我们卖的是什么，不管是儿童玩具、化妆品还是保健品，最好每天都要围绕所涉及领域分享一条心得、方法、小窍门等，将朋友圈打造为一个有实用参考意义的阵地，让看到的人相信你是一个专家，遇到类似的问题时会第一个想起你。

2. 不要灌"鸡汤"

虽然心灵鸡汤确实有其独特的、吸引人的一面，但在"鸡汤"供给严重过剩的今天，相当多的人是不喜欢在朋友圈看到所谓的"鸡汤"的，也很难想象一个想在朋友圈卖面膜的人整天发"鸡汤"就会将面膜卖出去。可能我们有时候自己确实需要一些心灵鸡汤来抚慰心灵，这也只是有时候，而更多时候受众是不需要的。而我们要做的应该是从受众的角度出发，提供他们所需要产品的功能、用法以及效果图等。哪怕是如图 13-1 所示的谐语类文案也是比"鸡汤"要有效。

3. 个性标签

大家都知道，穿衣服撞衫是一件令人尴尬的事情，那撞朋友圈呢？当然也是一件并不能让人兴奋的事情，所以大家都在转发的东西，就不要再转发了。我们要明确自己的定位，给自己贴上个性的标签，这样才能吸引到目标人群，才有可能获得比较好的推广效果。

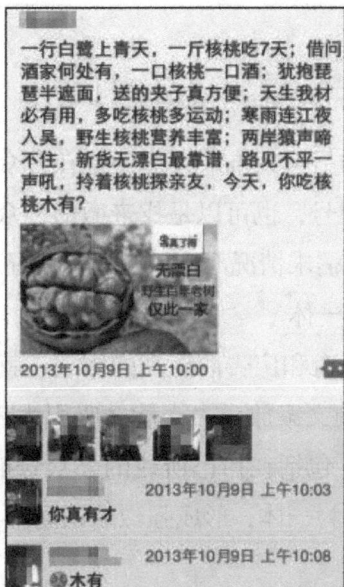

图13-1　朋友圈中的推广文案

4. 树立整体的形象

与生活中交朋友的规律一样，在朋友圈中建立信任感要从多角度来维护。偶尔发一些关于自己生活、旅行、家庭的东西也容易给人留下比较好的印象。至少让人知道并不是某个软件在转发内容。

5. 问答题、选择题

简单的互动形式，如谜语，关于买一件产品不知道买哪一款的纠结，等等，都可以发到朋友圈与大家互动，这也是日常个人朋友圈经常会出现的互动形式、但仅限于你的朋友圈有很多活跃度高的好友的情况下，否则互动起来也有整体垮掉的危险。

6. 有奖活动

集赞、投票后送礼品也是比较常见的几种互动方式，收获好的效果的前提是商品要有足够的吸引力，参与方式也要尽可能地简单，如点赞、评论后截图等，不能弄得太复杂，否则会降低大家的积极性。

> **小提示**
>
> 　　由于微信好友在获取时的特殊机制，以及微信本身是一个相对封闭的系统，决定着微信朋友圈是一块属于私人的领地。在朋友圈进行推广并非不可以，但一定要注意到"被打扰"这一条底线。

13.3　公众号推广

除了朋友圈，微信的另一大推广渠道便是在公众号中进行文案推广，既可以是自己运营的微信公众号，也可以是找来微信公众大号进行合作推广。任何推广都要视具体的条件和需求情况而定，但通常情况下都会用到以下这些方法。

1. 和公众号故事融为一体

微信公众大号之所以有和广告商谈判的底气，就是因为他们有很多忠实的粉丝，只要写出一篇好的文案放上去，就会吸引大量的粉丝去购买这些产品。所以和这些大号合作时（包括在自己所建的公众号推送时），我们应该将对商品的推荐和公众号故事融为一体，形成强烈的认同感。

2. 利用新的技术手段

利用新技术总能激发出人们的好奇心，达到炫目的效果，这一点与利用特效而大卖的电影如出一辙。如果我们能在微信公众号文案中利用新技术打造出新奇的效果往往会产生不同的推广效果。

H5（HTML5，一种编程技术）算得上在公众号火爆后大行其道的一种新技术推广方式，无论是宝马这样的大品牌还是普通淘宝店都有许多利用H5获得成功宣传的经典案例，尤其当H5制作精良或可以在H5结尾处领取红包奖励时，往往可以引起很多人的转发，最终获得比较不错的宣传效果。

3. 结合热门节日

这是一个比较常规的手段，毕竟每个节日都有其代表的意义，尤其很多节日会放假，具有较高的关注度和营销价值，所以结合节日做营销往往也能取得不错的效果。

具体做法当然是将产品卖点、促销信息等能吸引客户的部分与节日特色相结合，如新年抢货节等，注意一定要无缝对接。

4. 多用一些热门词汇

网络传播最大的特点便是什么热追什么，所以写文案也要尽量追热点，多用一些流行的、热门的词汇来设计文案。同样的道理，热映电影、热播电视剧、排行榜音乐等都可以成为文案的素材，当然添加素材要符合文案的写作方向。

13.4 QQ 群、微信群推广

群推广、群营销也是目前比较受欢迎的推广方式，最常用的也无非是 QQ 群与微信群两种，主要方式包括自建群后吸引他人加群及加入别人所建的群并挖掘目标客户这两种。

1. QQ 群与微信群的不同

虽然都是群，也都是腾讯的产品，但 QQ 群与微信群还是有很大不同的，如表 13-1 所示，在群定位、群管理、群信息、加群难度、群推广、群分享等几项主要功能上的运行机制都是不同的。

表13–1　QQ群与微信群的差别

特点	QQ群	微信群
群定位	基于陌生人的社交群，有目的聚集，更开放	基于熟人的社交圈，信息真实，更私密
群管理	群功能完善，群公告、群相册、群文件等管理方便	信息无法回顾，管理功能不完善
群信息	信息可以回顾查看，但容易屏蔽，群文件可以长期保存重要文件	信息无法回顾，群文件不可长期保存
加群难度	最高2000人，加群难度低	最高500人，加群难度略大
群推广	推广方便，可以通过群名称、标签、账号等查找加群	难以推广，不可通过群基本信息查找
群分享	群内信息不容易被分享	群内信息可以直接分享到朋友圈

2. 群类型的选择

我们不能为了建群而建群。每一个建起来的群都要有针对性、目的明确，无论是产品使用、研究、交流、学习，还是娱乐、情感、交友。同时，也可以是以地域和兴趣为纽带组建起来的群，都不妨碍每个群有明确的目的，如表 13-2 所示。有了明确的目的后，大家也比较容易知道应该在群里做什么。

表13-2　常见群类型

目的	选择群众类	选择理由
产品使用群，研究、交流、学习群，娱乐、交友、情感群	QQ群	内容带有强关注、需求性。群内文件可以长期保存。易于交流、查看记录、群推广相对简单
地域群、兴趣交流群	QQ群、微信群均可	没有太多文件需要分享，两者皆可
活动交流群	微信群	面对面交流。建群，信任度高，活动期间可以随时保持连贯沟通，活动可以分享至朋友圈

3. 如何融入一个群

当第一次进入他人所建的群时，要学会倾听和观察，了解能快速激起群内成员活跃度的话题，找到群中的活跃成员；在适当的时机插入话题，说一些逗趣的话；最终学会引导话题，让自己成为群内的明星，对成员有带动作用。

4. 如何运营一个群

运营一个群时，往往要遵从以下4个步骤：弱关系—强关系—自组织——体化，关系由远及近，需要运营人员通过活动形式一步步带领完成。

表13-3所示是分别适合QQ群与微信群的常见群运营内容，QQ群更适合偏向娱乐的内容，当然也包含一些售后问题的处理等，相比之下微信群的内容则要正式一些，往往适合最新通知、动态等内容。

表13-3　常见群运营内容

常见群	运营内容
QQ群	1.产品讨论、成果分享等； 2.了解用户需求，产品发布、产品试用； 3.常规售后问题解答、售后问题集中处理； 4.线上培训、线上课程、线上指导； 5.论坛、会议、展会、促销等最新活动通知； 6.适当的问候、灌水
微信群	1.适当的问候、知识分享、灌水； 2.论坛、会议、展会、促销等最新活动通知； 3.微信公众号推送内容引导群成员转发分享； 4.线上小活动、微信群红包

比较理想的运营过程是为吸引来的人们建立一个娱乐化的入口，相比工作，娱乐才是人们追求的主题，尤其在QQ上，这一点表现得尤为明显。

通过娱乐方式建立起弱关系后，重要的便是通过活动体验将弱关系发展为强关系，大家彼此之间有很强的联系性，一遇到问题大家都能拿到群里来说一说，努力形成一个有生命力的组织，此时再想通过这个群赚钱才是一件比较靠谱的事情。

5. QQ 部落

QQ 部落是 QQ 内嵌在手机端的一种特有渠道，类似论坛与公众号两种方式相结合的产物，也是 QQ 群在做推广时能获得的得天独厚的优势之一，通过各类 QQ 部落可以迅速找到符合你目标定位的 QQ 群，引流效果十分明显。

13.5　微博推广

微博在遭遇微信不断冲击后显得有些颓势，随后又东山再起，这主要归功于其在营销价值上再次焕发。

要想在微博上做好文案推广，可靠的路径形式基本上有两种，一种是"注意—兴趣—欲望—行动"，一种是"背景—矛盾—问题—解决方案"，120 个字的微博不需要你写出引人入胜的锦绣文章，这两种方式是非常出名的短故事模板，很适合只有 120 个字的微博。

微博推广的目的无非是要通过故事引起查看者的情绪共鸣，进而形成转发和传播。一篇微博推广文案可以采用讲故事的方式来吸引受众的注意，过程可以被概括为"引发注意—勾起兴趣—激活欲望—行动买单"。

如图 13-2 所示，淘宝店主将自己打造成微博大 V，继而通过自己的微博推广淘宝链接、提升产品销量，是一种很常见的方法。

还要注意的是，在微博推广的过程中，要学会 @ 大 V（微博大咖）们，如果有大 V 资源更要及时利用起来，大 V 们的一个转发可以快速提升文案的热度。

当然，大 V 们的热点也不是那么容易就蹭到的。所以，我们最好是打造一款自己的热门微博。而要想让自己的微博足够优秀，最好先将写好的微博进行小范围的测试，优化改进后再进行大范围推广，这样对推广结果的预测比较有把握。

千万不要忽视网友们的智慧，原微博发布后，一旦稍微有热度，就会有网友写出非常好的转发语和评论。而我们要做的是要及时将蕴藏在其中的"宝藏"挖出，并提炼出更精彩的内容，作为原微博的补充发出来，这样既可以形成与网友的互动，也可以获得二次传播。

图13-2　微博推广文案

13.6　百度贴吧推广

虽然近几年传统论坛社区不可避免地面临着衰落的危险，但百度贴吧凭借着庞大的用户基数和对搜索引擎的友好性坚守住了阵地，如图13-3所示。目前，百度贴吧依然是非常有效的推广渠道之一，尤其在搜索引擎优化这个方面，更有着不可替代的优势。

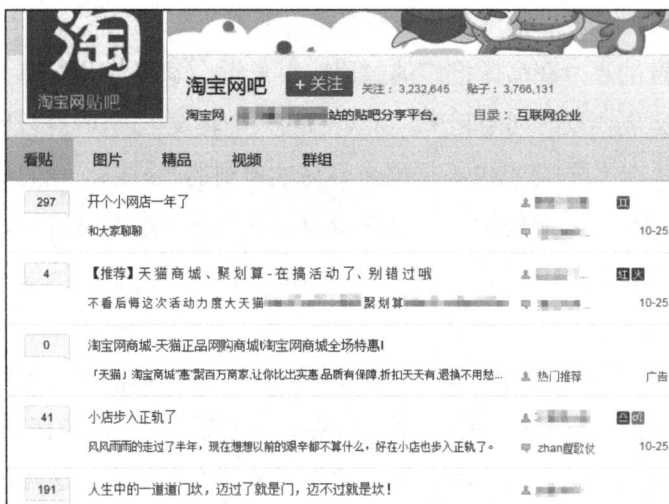

图13-3　在淘宝吧中的各类店铺推广

1. 贴吧选择

利用贴吧推广的目的较为直接，既不用积累粉丝，也不用考虑其他平台的所谓伤害粉丝，唯一要做的就是想方设法获得流量。所以，在选择贴吧时一定要选择流量、活跃度都比较高的大贴吧，同时也要考虑自身的定位，寻找符合自身定位的贴吧。

2. 发帖内容

这是关键的一步。想要获得推广效果，有吸引人的内容是必需的。我们在决定要在哪一个贴吧发帖时，最好先去查看一下本吧现在的热帖里面都是什么形式什么内容，让自己的内容也尽量贴上去，做到有的放矢。

关于发贴内容的具体做法，虽然每家都有各自的高招，但一些基本点还是几乎没有变过的。比如，很多人都喜欢得到免费的东西，正所谓无利不起早，内容满足人的本性是我们一定要考虑的。可能直接发钱有点困难，我们至少要找来一些资源之后再发帖，在贴子上说明这些资源可以免费赠送。

总之，要通过各种办法使自己的帖子有趣、有吸引力。

3. 避免删帖

与贴吧管理员搞好关系、弄清本吧发帖规则同样非常重要。初次发帖时千万不要直接把自己的联系方式加上，这样不仅吃相难看，还很容易被系统和贴吧管理员盯上。一旦被他们盯上，基本上都会被删除。

所以，我们发帖要学会一些明智的做法。前面的几帖要当作一个交流帖子来处理，发上几帖之后再加上自己的联系方式等。我们也可以直接将联系方式加在自己的贴吧头像或贴吧签名中，这样也比较容易让人发现。

4. 维护、营销

引流完成后，我们还要在其他平台上对这些引流来的用户加以区分。在营销、变现的同时，也要注意对帖子的维护，尽量使一个存活下来的帖子爆发出最大的效果。当然偶尔也可以变换一下内容的形式，如通过语音抢楼软件用声音来抢占楼层的同时，也变化了帖子内容形式，让人更感兴趣。

小提示

贴吧虽然最近几年确实在产品上没有太大的创新，但作为百度旗下的互联网产品，它依然是一款有着相当广阔用户基础的产品。所谓"瘦死的骆驼比马大"，做好在贴吧的推广宣传依然有着非常积极的作用。

13.7　问答平台推广

当人们在网络中进行搜索时，除了导航类信息（如搜索优酷、爱奇艺等特定网站），最主要的便是搜索各式各样的问题。当初，百度的产品经理也是根据后台出现的大量搜索内容都是以问题形式展现，才在百度上优化出了百度知道这个产品。并且直到现在，问答平台依然发展得非常红火，如知乎、新浪爱问和今日头条旗下的悟空问答等。

除了有不错的流量，在问答平台做文案推广的另一大优势便是问答平台在搜索引擎中的权重都很不错，排名比较靠前，外链质量自然也相当高，受到很多文案推广人员的青睐。

1. 常见问答推广平台

目前，最主流的问答推广平台显然是百度知道、新浪爱问和知乎，至于其他的，如悟空问答、360问答、搜狗问答、天涯问答等也还不错，可以根据实际需求挑选。

2. 问答平台推广的实施步骤

第1步，注册马甲。在想要进行推广的平台上，如百度知道、新浪爱问、知乎各注册10个账号，做好记录并保存。

第2步，设置问题。围绕与所要推广的文案息息相关的话题，设置新问题并发布到相应问答平台上。

第3步，回答问题。如果问题发布后自己就能热起来当然是非常好的，但如果没有"自来水"，那么我们只能靠自己的双手了。根据自己前一天发布的问题或搜索别人的提问来回答，还要在用专业态度回答问题之余巧妙地将自己所要推广的文案信息植入其中，如图13-4所示。

第4步，结束问答。多数问答平台都有5～10天的问题结束期，记得到时将问答结束并选自己的答案为最佳答案。

3. 问答平台推广若干注意事项

● 同一个账号，一天内回答的问题最好不要太多，一般控制在5个问题以内为宜。

● 不需要将每一个知道回答上都加链接，保持好一定的比例。如果添加链接太多，平台也不会通过审核，甚至删除、封号。

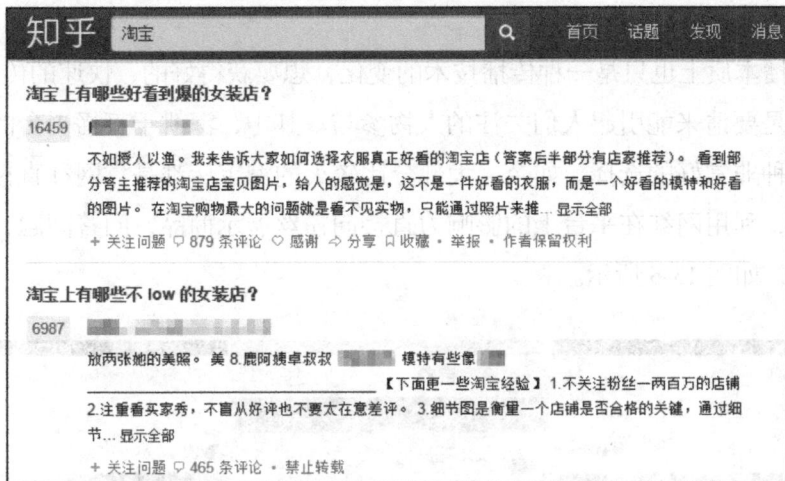

图13-4　在知乎平台上进行推广的女装店

● 尽量少用首页链接，多用内页的链接。

● 现在多数问答平台是不排斥与品牌方进行商务合作的，如果资金充裕则可以通过与平台方合作进行问答推广。这样虽然花费多了一些，但效果会明显增强，也可以免去上述的诸多麻烦。

13.8　直播平台推广

如果问当下在网络上什么成为大家的注意力黑洞，那么肯定非直播莫属。本质上而言直播并不是什么过于新鲜的事物，早在传统电视时代大家就接触过直播这种形式，而如今火爆的网络直播，则是在原有直播形式的基础上加上更加完善的互动机制、交互模式，结果带来了无限的可能性。

在传统电视时代直播未能兴起，而加上了互动后的网络直播却能火爆。当然，想在直播上获得良好的推广效果，重点在方式上，素材则居于其后。

1. 发布会直播

中国手机企业喜欢开发布会，也是最新利用直播方式开发布会的。而且这些品牌本身都是有自己的粉丝，他们很多人往往因为各种原因无缘进到会场去参与发布会，所以，观看直播是最省时又省力的方式。

像小米这样的企业，它们在B站上玩直播已经玩得是得心应手，很多发布会甚至直接取消了线下活动，直接利用直播开线上发布会，也取得了不错的传播效果。

2. 网红直播

直播本质上也只是一种传播技术的变化，想要获得好的、快速的传播效果，最好还是要请来能引起人们关注的人物参与。其中，深耕于直播平台的网红不失为一种非常好的选择。如今，大部分比较火的淘宝店都是靠网红直播撑起来的店铺，利用网红在平台上的影响力直接向粉丝展示商品，回答问题，提高传播效率，如图 13-5 所示。

图13-5　各式各样的淘宝直播

利用直播所能获得的推广效果和收入非常好，如曾有淘宝第一网红之称的张大奕，就曾创造出直播一晚达到 2000 万元销售额的辉煌业绩。

3. 活动事件直播

如果找不到名人那么就只能在玩法上下功夫了。有的人直播吃东西、有的人直播胸口碎大石，一家企业、机构的比较好的方式是进行活动事件直播，这样才能在获得关注的同时，达到宣传产品、提升公司知名度的效果。

活动事件直播的成功与否，则取决于文案、事件策划是否准备周密，整场活动最好不要只是在拼噱头，要为参与的各方都提供利益，如抽奖、随机赠送红包、优惠券等，这样的环节设置可以使观看者保持动力和互动的兴趣，对提升活动的效果也有很大的帮助。

小提示

> 直播作为近两年成长非常迅速的推广平台，赢得了太多的目光。也正因为它还很"年轻"，所以有趣的玩法层出不穷，未来有机会成长为一种非常主流的推广方式。